海外直接投資の理論・実証研究の新潮流

松浦 寿幸

三菱経済研究所

はじめに

　企業活動の国際化の進展に伴い，企業の経営権の取得を伴う海外投資である，海外直接投資（Foreign Direct Investment, FDI）は，世界的に急拡大している．UNCTADによると1989年～1991年の世界全体の直接投資フローの平均は2億2,322万ドルであったが，2002年～2004年の年平均直接投資フローは6億6,645万ドルと3倍以上に拡大している．また，日本の海外直接投資に注目すると，1995年の対外直接投資は2兆1,200億円であったが，2012年には9兆7,800億円に達している（財務省・財政金融統計月報）．2012年の民間企業の国内投資（民間企業設備の固定資本形成）は国民経済計算年報（内閣府）によると64兆6,300億円なので，海外直接投資は国内投資のおよそ6分の1の規模に達しているといえる．

　こうした海外直接投資の拡大は，投資国にも被投資国にも大きな影響をもたらすと考えられる．投資国にとっては，海外直接投資から大きな収益が得られる一方で，国内の生産拠点の再編など負の影響もあるかもしれない．また，被投資国にとっても，外資系企業の参入により競争が激化する可能性があるが，一方で，海外からの経営ノウハウの流入が期待されるため，直接的な雇用の創出のみならず，多国籍企業から地場企業への技術移転などの外部効果が期待される．そのため，海外直接投資は，研究者のみならず政策担当者の注目を集めてきた．

　かつて海外直接投資は，国際金融論の文脈で議論されることが多かった．そこでは，国際間の投資が自由化されると，投資収益率と資本の限界生産性が一致するまで投資量が拡大するといった枠組みで分析が行われてきた．しかし，この枠組みでは，上記で紹介したような海外直接投資によって貿易フローがどのように変化し，各国の生産量がどう変化するのかを分析するには不十分である．そのため，1980年代より，国際貿易論の文脈で生産拠点の立地を組み込んだ理論モデルの構築，そして実証研究が進められるようになり，現在で

は多国籍企業の立地，貿易，外部効果に関する研究が大きな研究トピックとなっている．本書では，以下の三点に注目して，わが国の海外直接投資の特徴，そして経済への影響を捉えようとするものである．第一に，世界，およびのわが国の海外直接投資の動向を概観し，その特徴を整理する．第二に，海外直接投資の発生メカニズム，投資国・被投資国への影響に関する諸研究を紹介する．同時に，わが国の海外直接投資を理解する上で，従来十分に議論されてこなかった点，すなわち国際分業を伴う海外直接投資の動機とその影響について指摘する．第三に，わが国の企業データを用いて，国際分業を伴う海外直接投資の発生メカニズムと，その影響について実証分析を行う．最後に，政策的な含意を整理するとともに，今後の研究の方向性を展望する．

　本書は二部構成となっており，第一部では，海外直接投資の概観と既存研究のサーベイ，第二部では，日本の企業レベル・データを用いた実証研究となっている．具体的には，第一部では，第1章で海外直接投資の世界的な動向，ならびに日本の特徴を概観したのち，多国籍企業の特徴を整理し，いくつかの論点を提示する．第2章では，企業はなぜ海外に直接投資を行うのかという点を考える．その投資パターンを，水平的直接投資と垂直的直接投資に分類し，それぞれの目的と特徴を分析した諸研究を紹介する．第3章は，その他の海外直接投に影響する要因として，産業集積，税制，補助金，市場統合などの制度変更などの影響について分析した研究を紹介する．第4章は，どのような企業が海外直接投資を行うのかを考える．多国籍企業は，一般に規模が大きく，生産性が高い企業が多いといわれているが，どのような状況で，どのような企業が多国籍化するのかに関する，企業の異質性を考慮した理論モデルであるHelpman et al. (2004)を紹介する．これは，企業の異質性を考慮した貿易モデルであるMelitzモデルを海外直接投資に応用したものである．第5章は，海外直接投資が投資国経済，あるいは被投資国経済に及ぼす影響に関する実証研究を紹介する．第二部の日本の企業データによる実証分析では，第6章で，貿易自由化と国際分業を伴う海外直接投資（垂直的直接投資）の発生メカニズムについて，第7章では，海外生産の拡大が国内の生産部門の生産性に及ぼす影響について分析している．最後に，今後の研究課題について述べる．

　本書を執筆するにあたり，多くの方からご指導とご助力をいただいた．ま

ず，大山道廣先生（慶應義塾大学名誉教授）には本書を執筆する機会を与えていただいた．そして，筆者がこれまでに所属した独立行政法人経済産業研究所，一橋大学経済研究所，現在の職場である慶應義塾大学で参加させて頂いた各種の研究プロジェクトにおいて，乾友彦（学習院大学），浦田秀次郎先生（早稲田大学），木村福成先生（慶應義塾大学），樋口美雄先生（慶應義塾大学），深尾京司先生（一橋大学），元橋一之先生（東京大学），若杉隆平先生（学習院大学）ら，一線でご活躍されている先生方からご指導いただき，さまざまなアドバイスを頂く機会を得た．特に，経済産業研究所の最初の上司であった元橋先生とは本書の第7章の元となる共著論文を執筆させていただき，さまざまなご指導を頂いた．同年代の研究者では，大学院時代の先輩であり，一昨年から同僚として，ご一緒させていただいている清田耕造先生（慶應義塾大学）からは，研究の内容面のみならず，研究者の心得など親身にアドバイスを頂くなど公私にわたりお世話になっている．本書の6章と7章の共著者である早川和伸氏（アジア経済研究所）からは，常に世界を飛び回りつつも論文を量産する研究スタイルにいつも刺激を受けている．その他，伊藤恵子氏（専修大学），伊藤匡氏（アジア経済研究所），伊藤萬里氏（専修大学），遠藤正寛氏（慶應義塾大学），大久保敏弘氏（慶應義塾大学），権赫旭氏（日本大学），斎藤久光氏（北海道大学），佐藤仁志氏（アジア経済研究所），田中清泰氏（アジア経済研究所），戸堂康之氏（早稲田大学），山下直輝氏（豪州RMIT大学），Chin Hee Hahn氏（韓国Gachon大学），Chih-Hai Yang氏（台湾国立中央大学）からも，本書の基となる原稿にコメントを頂いた．また，本書の草稿に目を通し，数式や図表をチェックしてくれた大学院生の山ノ内健太君にもご助力を頂いた．そして，公益財団法人三菱経済研究所の滝村竜介氏からは，細部にわたって数多くのコメントを頂いた．紙幅の関係上，すべての方のお名前を挙げることはできないが，上記列記の方々に加えて，これまでご助言頂いた先生方，同僚，後輩の皆様に，心からなる深謝の意を捧げる次第である．ただし，本書での誤りその他のいたらぬ点は，すべて筆者の責任である．

2015年1月

松浦　寿幸

目　次

第1章　海外直接投資の動向と多国籍企業の特徴　1
1.1　海外直接投資の世界的な動向　4
1.2　日本の海外直接投資の動向　6
1.3　多国籍企業の特徴　9
1.4　海外直接投資の動向：まとめ　10

第2章　直接投資の動機　13
2.1　水平的直接投資　15
2.2　垂直的直接投資　18
2.3　垂直的直接投資 v.s. 水平的直接投資：知識資本モデル　21
2.4　垂直的直接投資 v.s. 水平的直接投資：日米比較　23
2.5　海外アウトソーシングと垂直的直接投資　25
2.6　新規投資か M&A か？　26
2.7　その他の直接投資のタイプ　27
2.8　対日直接投資はなぜ少ないか？　30

第3章　海外直接投資における立地選択要因　33
3.1　理論的枠組み：企業の立地確率の導出　33
3.2　理論的枠組み：新経済地理モデルの導入　36
3.3　主な実証研究　39

第4章　海外直接投資と企業の異質性　45
4.1　理論的枠組み　45
4.2　被投資国の市場特性と生産性格差　52
4.3　企業の異質性と企業内中間貿易　54
4.4　まとめ　56
　　補論　企業の異質性と海外直接投資：賃金格差に関する考察　56

第5章　海外直接投資が投資国・被投資国の経済に及ぼす影響　59
5.1　海外直接投資のインパクトの概念整理　59
5.2　投資国への影響：輸出と海外直接投資の関係に関する研究　60
5.3　投資国への影響：企業データによる雇用に関する研究　62
5.4　投資国への影響：企業データによる生産性に関する研究　64
5.5　被投資国の経済成長への影響　66
5.6　被投資国への影響：マイクロ・データによる実証分析　68
5.7　まとめ：海外直接投資の影響に関する研究　71
補論1　輸出が生産性に及ぼす影響　72
補論2　Propensity Score Matching 法とは　74

第6章　東アジアにおける貿易自由化と日本企業の垂直的直接投資　77
6.1　はじめに　77
6.2　理論的枠組み　80
6.3　実証分析の枠組みとデータ　83
6.4　推計結果　91
6.5　終わりに　95

第7章　垂直的海外直接投資と国内の自国企業の生産性　99
7.1　はじめに　99
7.2　水平的直接投資と垂直的直接投資　100
7.3　実証分析　106
7.4　実証分析の結果　112
7.5　結論　118
補論1　データ構築　118
補論2　TFP 指数の推計方法　123

おわりに	125
参考文献	129
初出一覧	139

第1章
海外直接投資の動向と多国籍企業の特徴

　海外直接投資とは，企業の経営権の取得を伴う海外投資と定義され，企業が海外市場にアクセスする手段の一つである．本章では，最初に，様々な企業の海外市場へのアクセス手段の中で，海外直接投資が有する特徴を整理し，さらに統計上はどのように把握されるのかを整理する．次に，各種統計を用いて，具体的な数値を紹介していきたい．

　まず，様々な企業の海外市場への財・サービスの販売パターンの中での海外直接投資の位置づけを考えてみよう．企業が海外市場で財・サービスを提供する手段としては，輸出，ライセンシング，海外直接投資の3つの方法がある．輸出は自国で生産した製品を海外向けに出荷するのに対して，ライセンシングと海外直接投資は海外工場で自社の製品を生産する方法である．ライセンシングは，海外の資本関係のない企業に生産・販売を委託する方法であるのに対して，海外直接投資は海外拠点（海外子会社）を自社所有する海外進出である．このように海外子会社を所有する企業のことを多国籍企業と呼ぶ．海外直接投資は，投資企業にとっては，海外拠点の獲得であり，より大きなコストを伴う進出パターンとなる．輸出，ライセンシング，海外直接投資の3つの企業戦略を，海外市場での販売方法と生産拠点の関係から整理したのが次の図1.1である．海外直接投資の販売先が国内と海外を跨ぐのは，現地市場向けの海外直接投資もあれば，製品を自国に逆輸入するための海外直接投資も存在するからである．

　上記では，財・サービスの販売先に注目して海外直接投資を位置づけたが，原材料や中間財の調達先に注目して海外直接投資を位置づけてみよう（図1.2参照）．国内で原材料を調達する企業を国内企業，海外から財・サービスを調達する輸入企業と呼ぶとき，海外直接投資企業は海外に生産拠点を

図1.1 販売パターンからみた企業の海外進出パターン

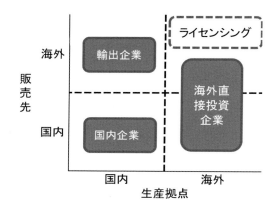

図1.2 調達パターンからみた企業の海外進出パターン

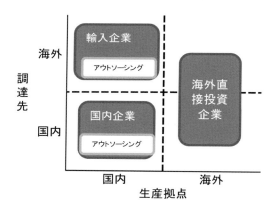

持ち，現地，あるいは自国から原材料や中間財を調達する企業と位置づけることができる．現地で原材料や中間財を調達することを目的とした直接投資は，石油化学や鉱業で広くみられる資源獲得型直接投資がこれにあたる．最近では，機械製造業などでも部品などの中間財を生産する直接投資も行われている．企業の海外調達の手段で，最近注目を集めているのがアウトソーシングである．アウトソーシングとは，契約時に原材料や中間財の仕様を細かく決めて，外部生産者に生産を委託することを指す．海外の事業者にアウト

ソーシングする場合，統計上は輸入に分類されるが，原油のような市場取引されるものではなく，しばしば納入業者に対して指導や監督が必要となる場合もあるため，単なる物品購入とは異なり，複雑なビジネスとなる．海外アウトソーシングは，原材料や中間財調達のみならず，IT業務のサポートやコールセンター業務などにも用いられている．海外アウトソーシングは，市場で調達できない原材料・中間財を海外で調達する手法として海外直接投資と類似するが，海外拠点が資本関係を持たない他企業である点が大きく異なる[1]．企業の海外アウトソーシングと海外直接投資の選択は，近年，研究者の関心を集める研究トピックの一つである．

　では，こうした直接投資とは統計上はどのように把握されるのであろうか．現在，広く使われているのは，国際通貨基金（International Monetary Fund, IMF）による定義である．具体的には，海外直接投資は，企業が行う海外向けの経営権の取得を伴う投資と定義され，単に外国企業の株式を取得する証券投資と区別するために，10％以上の株式を取得するものが海外直接投資と呼ばれている．統計データ・ソースについても簡単に触れておくと，まず，世界の直接投資の動向は，毎年刊行されているUNCTADのWorld Investment Reportが丁寧にまとめている．UNCTADのWEBサイトからは各国の対外・対内直接投資のデータベースにアクセスできるようになっている．わが国の直接投資の統計では，対内・対外直接投資額を国別産業別に整理した財政金融統計月報（財務省）が良く用いられる．一方，海外直接投資によって成立された現地法人の生産・輸出入状況については，海外現地法人を対象とする海外事業活動基本調査（経済産業省）によって調査が行われている[2]．本章では，これらの統計を用いて世界，および日本の直接投資の動向を概観していく．

1.1　海外直接投資の世界的な動向

　図1.3は，1970年時点の世界のGDP，輸出，直接投資フローを100として，

---

[1] アウトソーシングについては，冨浦（2014）が包括的な研究レビューと日本企業のデータを用いた実証研究を行っている．
[2] このほかマクロ指標として，日本銀行の国際収支統計（https://www.boj.or.jp/statistics/br/bop/index.htm）もよく参照される指標である．

図1.3 世界のGDP，輸出，海外直接投資のトレンド

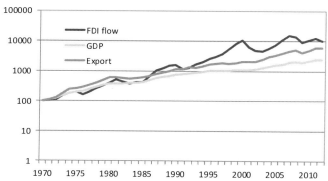

出所：World Development Indicator（World Bank），および World Investment Report（UNCTAD）などをベースに著者作成．

その後の推移をグラフ化したものである．1985年ごろまでは，上記の三者はほぼ同じペースで増加してきているが，1980年代後半から直接投資フローの伸び率が高まっている．2000年前後に直接投資フローの伸び率が一時低下するものの，2005年あたりから再度拡大を続けている．

表1.1は，全世界の投資国（パネルA: 対外直接投資）と被投資国（パネルB: 対内直接投資）のシェアの推移をみたものである．1970年代は，全世界の90％以上の直接投資が先進国によってもたらされており，その投資先の60％は先進国向けであった．その後も，FDIの多くは欧米や日本などの先進国主導であり，全世界の直接投資に占める日米欧の比率は80％以上であった．しかし，2000年以降は徐々に低下し，現在60％程度になっている．途上国では，1990年代はアジア各国による直接投資も増加しており，特にNIES諸国のシェアが大きいことがわかる．2000年代後半からラテンアメリカ，中国からの対外直接投資も拡大している．一方，被投資国については，欧米向けのFDIが60％前後で推移するが，2000年代後半から減少する傾向にある．代わりに増加してきているのが途上国向けの直接投資であり，アジアが1990年ごろより20％で推移し，とりわけ中国が1990年代から6％〜8％で安定的に推移している．近年，アフリカに進出している企業が増えている

第1章　海外直接投資の動向と多国籍企業の特徴

表 1.1　世界の直接投資の国・地域別シェア

A) 対外直接投資・投資国のシェア

	1970-1974	1975-1979	1980-1984	1985-1989	1990-1994	1995-1999	2000-2004	2005-2009	2010-2012
先進国	47.3	43.0	23.7	17.9	21.6	21.0	21.5	14.7	22.5
アメリカ	42.1	43.5	49.3	52.6	51.8	57.2	55.9	55.8	34.6
欧州	5.0	5.9	10.4	15.7	11.5	4.6	4.4	4.9	6.3
日本	0.9	0.8	2.2	3.3	1.1	0.9	1.6	1.9	1.3
オセアニア	95.3	93.2	85.5	89.5	86.1	83.7	83.4	77.3	64.7
小計									
途上国									
ラテンアメリカ	0.3	0.7	1.6	1.0	1.9	2.7	3.6	4.8	7.2
アフリカ	0.2	0.6	1.2	0.3	0.6	0.5	0.1	0.5	0.7
アジア	0.1	0.5	3.0	4.9	8.7	9.2	7.2	12.4	19.8
ASEAN	0.0	0.0	0.7	0.3	0.8	0.8	0.3	0.8	1.7
中国	0.0	0.0	0.1	0.5	1.1	0.4	0.5	2.3	5.0
NIES	0.1	0.3	0.6	2.1	2.7	3.2	2.3	2.9	4.5
小計	4.7	6.8	14.5	10.5	13.9	16.3	16.6	22.7	35.3

B) 対内直接投資・被投資国のシェア

	1970-1974	1975-1979	1980-1984	1985-1989	1990-1994	1995-1999	2000-2004	2005-2009	2010-2012
先進国	9.7	14.5	31.9	38.5	18.0	22.1	16.1	13.2	13.4
アメリカ	45.0	40.8	26.9	33.7	44.3	39.0	46.6	40.9	26.5
欧州	0.8	0.4	0.5	0.3	0.8	0.5	1.0	0.7	0.0
日本	6.6	4.6	3.9	4.9	3.5	2.1	2.6	1.5	3.7
オセアニア	62.1	60.3	63.1	77.4	66.6	63.7	66.3	56.3	43.6
小計									
途上国									
ラテンアメリカ	10.8	12.5	10.7	6.1	7.9	11.4	9.4	9.4	15.5
アフリカ	6.6	3.9	2.6	2.5	2.2	1.6	2.2	3.2	3.2
アジア	4.5	11.0	18.3	10.0	19.7	18.8	17.0	21.9	28.3
ASEAN	3.4	4.4	3.2	1.9	5.0	3.2	1.2	1.9	3.2
中国	0.0	0.0	1.1	2.3	7.3	8.2	6.8	6.0	8.2
NIES	2.3	1.8	2.8	3.0	3.5	3.4	3.0	2.8	4.6
小計	37.9	39.7	36.9	22.6	33.4	36.3	33.7	43.7	56.4

出所：World Investment Report を基に著者作成．
注：アジアは日本を除くアジア諸国．NIES・ASEAN・中国を含む．ASEAN はタイ，マレーシア，フィリピン，ベトナムの合計．NIES は台湾，シンガポール，韓国の合計．

といわれているが，2010〜2012年でも3％前後と少ない．

1.2　日本の海外直接投資の動向

では，日本の直接投資にはどのような傾向がみられるだろうか．図1.4は，日本の対外・対内直接投資の推移をみたものである．対外直接投資は1980年代後半から1990年ごろにかけて拡大し，その後，一時低迷するものの，1993年以降2008年まで堅調に増加し，1300億ドルに達している．2009年のリーマン・ショックで一時的に落ち込むものの，2011年，2012年は増加に転じている．一方，対内直接投資は，対外直接投資に比べ，総じて低い水準にとどまっている．詳しくみていくと，1998年ごろからわずかに増加しているものの，2006年に一時落ち込んでいる．その後，2007年，2008年は大きく回復したが，その後は，リーマン・ショックや東日本大震災の影響もあり，再び低迷している．表1.1でも示されている通り，他の先進国に比べてもわが国の対内直接投資の規模は小さく，規制などが阻害要因になっているのではないかといわれている．

表1.2は，わが国の対外直接投資の投資先のシェアをみたものである．1990年代前半は欧米向けが60％以上を占めていたが，その後アジア向け，な

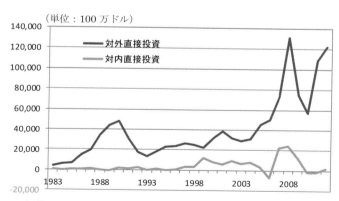

図1.4　日本の対外・対内直接投資（国際収支統計ベース）

出所：JETRO海外ビジネス情報・直接投資統計より著者作成．
〈URL: https://www.jetro.go.jp/world/japan/stats/fdi/　2014年12月1日最終アクセス〉

表1.2　日本の対外直接投資シェア

	1990-1994	1995-1999	2000-2004	2005-2009	2010-2011
アジア	27.6%	26.6%	31.3%	30.9%	37.1%
北米	41.6%	42.8%	29.6%	26.5%	10.5%
欧州	22.0%	23.0%	31.6%	27.4%	24.0%
その他	8.8%	7.6%	7.5%	15.2%	28.4%

出所：財務省「財政金融統計月報」より著者作成．

表1.3　海外現地法人の経済規模の日米比較

	World	OECD	Latain America	Non-OECD	Africa	Middle East
現地法人数						
日系	14,179	7,515	767	5,609	156	51
		53.0%	5.4%	39.6%	1.1%	0.4%
米系	21,335	14,480	3,345	2,449	511	233
		68.2%	15.7%	11.5%	2.4%	1.1%
売上高　（単位:10ドル）						
日系	1,102	833	32	229	2	7
		75.6%	2.9%	20.8%	0.1%	0.6%
米系	2,028	1,553	231	201	21	9
		76.8%	11.4%	10.0%	1.0%	0.5%
従業員数（単位:1000人）						
日系	2,679	1,236	99	1,322	7	3
		46.2%	3.7%	49.3%	0.3%	0.1%
米系	6,900	4,433	1,416	827	111	50
		64.3%	20.6%	12.0%	1.6%	0.7%

出所：松浦（2004）より．

らびに，その他地域への直接投資のシェアが拡大している．直近の2010～2011年では，欧米向け直接投資のシェアは35％まで低下する一方で，アジア向けが37％，その他地域向けが28％にまで拡大している．

表1.3は，2000年時点の日本とアメリカの海外現地法人の活動規模を地域別に比較したものである．数値は日米いずれも過半の資本を所有する現地法人に限定して計算している．まず，日米の現地法人数，売上高，従業者数の水準を比較すると，現地法人数で7割，売上では約半分，従業者数で約3分の1と，日本企業の海外活動規模はいまだ米系多国籍企業の規模を下回っている．しかし，米国はGDPでみて日本の2倍の経済規模を持つこと，また，米系企業は100年以上の海外進出の歴史を持つことを考えると，日系多国籍企業は，この50年間に急速に規模を拡大させたとみることもできる．下段

のパーセンテージは，地域シェアを示している．日米いずれもOECD諸国のシェアが高いが，途上国のシェアをみると，米系多国籍企業ではラテンアメリカのシェアが高く，日系多国籍企業ではアジアのシェアが高くなっていることがわかる．

では，進出先によって海外現地法人の活動に違いはみられるのだろうか．表1.4は，米・欧・アジアの各地域の現地法人の販売・調達動向をみたものである．まず，2002年における販売先シェアについては，北米・欧州の現地法人では現地・域内販売率が90％を超えているのに対して，アジアの現地法人では67％にとどまっており，日本向けが24％，その他が10％弱となっていることから在アジア日系現地法人は域外への輸出志向が高いことがわかる．一方，調達シェアについては，現地・域内が5～6割，日本からの調達

表1.4 日系海外現地法人の調達販売比率の地域間比較

2002	現地・域内	現地販売	域内販売	日本への販売	他地域への販売
北米	95%	87%	7%	2%	3%
アジア	67%	50%	17%	24%	10%
欧州	93%	49%	45%	3%	4%

	現地・域内	現地調達	域内調達	日本からの調達	他地域からの調達
北米	62%	59%	3%	34%	4%
アジア	65%	51%	14%	33%	2%
欧州	52%	35%	17%	41%	8%

2011	現地・域内	現地販売	域内販売	日本への販売	他地域への販売
北米	93%	72%	21%	3%	4%
アジア	76%	61%	15%	18%	6%
欧州	85%	48%	37%	3%	12%

	現地・域内	現地調達	域内調達	日本からの調達	他地域からの調達
北米	66%	61%	4%	29%	6%
アジア	71%	60%	11%	27%	2%
欧州	63%	47%	16%	30%	8%

出所：経済産業省「海外事業活動基本調査」．

が3〜4割で，地域間であまり差はみられない．下段は，2011年におけるシェアを示しているが，アジアで域内の販売率が76％にまで高まっているものの，依然として欧米に比べて輸出志向が強いといえる．調達については，在アジア日系現地法人の現地・域内調達率が7割を超えているが，日本からの調達率は依然として3割弱ある．

1.3 多国籍企業の特徴

最後に，企業レベル・データを用いた国内企業と直接投資企業の比較をみておこう．表1.5は，Mayer and Ottaviano（2008），若杉（2011）によって示された，輸出企業，FDI企業と国内企業とのパフォーマンス格差（プレミア）を示している．これらの数値は，国内企業と輸出・FDI企業のパフォーマンス指標（雇用者数，付加価値，平均賃金，資本労働比率，全要素生産性（Total Factor Productivity, TFP））の平均値の比率を示している．すなわち，この値が1よりも大きければ，輸出・FDI企業は国内企業よりもパフォーマンスが良いということを示す．プレミアの大小については，国，指標により異なっているが，いずれの国，指標においても1を上回っている．また，輸出企業プレミアとFDI企業プレミアを比較すると，FDI企業プレミアのほうが大きくなっており，FDI企業のパフォーマンスが高いことがわかる．もう一つ興味深い点として，輸出企業プレミアでは，欧州諸国に比べて日本のプレミアが比較的大きくなっているのに対して，FDI企業プレミアでは，特に雇用

表1.5 輸出企業・FDI企業プレミア

輸出企業プレミア	雇用者数	付加価値	賃金	資本労働比率	TFP
日本	3.02	5.22	1.25	1.29	1.21
ドイツ	2.99		1.02		
フランス	2.24	2.68	1.09	1.49	
イギリス	1.01	1.29	1.15		
イタリア	2.42	2.14	1.07	1.01	
FDI企業プレミア					
日本	4.79	8.79	1.26	1.53	1.22
ドイツ	13.19				
フランス	18.45	22.68	1.13	1.52	
ベルギー	16.45	24.65	1.53	1.03	
ノルウェー	8.28	11	1.34	0.87	

注：雇用者数，付加価値，賃金，資本労働比率については，若杉（2011）より．

数と付加価値で，欧州諸国よりも日本のほうが小さくなっている．

1.4　海外直接投資の動向：まとめ

本章では，海外直接投資の動向を俯瞰し，その特徴を整理した．主要な観察事実をまとめると，以下の6点に集約することができる．

1) 海外直接投資は，世界的なトレンドをみると，1980年代後半より，輸出やGDPの成長率を上回るペースで拡大している．

2) 投資国，被投資国のシェアについてみると，1970年代は先進国間の直接投資が多かったものの，1980年からは途上国向け，特にアジア向けの直接投資も徐々に増加してきている．また，2000年代からは，アジア諸国からの直接投資も拡大している．

3) わが国の対外直接投資も1980年代後半から拡大しており，その投資先は，当初は北米向けが多かったが，その後はアジア向けが増加している．一方，対内直接投資は，多少の増減はあるものの，一貫して低い水準にとどまっている．

4) 海外現地法人の規模について日米で比較してみると，日系現地法人の活動規模は，米系のそれの3割～6割にとどまる．地域シェアでみると，日米両国ともにOECD諸国のシェアが高いが，途上国向けでは米系ではラテンアメリカ，日系ではアジアのシェアが高い．

5) 日本の現地法人の販売調達動向を地域別にみてみると，欧米では現地・域内販売志向が強いのに対して，アジアでは域外への輸出志向が高い．ただし，近年では在アジア日系現地法人の現地・域内販売率が上昇している．

6) 直接投資企業は，国内企業に比べて，売上，従業員数，生産性などにお

いて優れている．こうした傾向は日本のみならず多くの欧米諸国でも確認されている．

次章以降では，これらの事実を踏まえて，進出先の違いと直接投資の動機について（第2章・第3章），直接投資を行う企業とそうでない企業の比較（第4章），直接投資が投資国，被投資国の経済に及ぼす影響（第5章）について，これまでの理論・実証研究を紹介しながら検討していく．

第2章

直接投資の動機

　企業が海外市場にアクセスする手段としては，自国で生産した財を海外に出荷する輸出，海外の地場企業に生産を委託するライセンス生産，そして海外に子会社を設立し自社が事業活動をコントロールする海外直接投資の3つが考えられる．この3つの手段にはそれぞれメリット・デメリットがあるが，どのようなときに企業は海外直接投資を選択するのであろうか．この問いについては，古典的な研究である Dunning (1981) がうまく整理している．彼が提唱した，OLI (Ownership, Location, Internalization) 理論によると，企業が海外直接投資を行うのは，

1) Ownership（所有）：生産活動に必要なノウハウや技術といった「知識資本」を所有しており，それを海外に移転することで，投資先の企業よりも優位な立場にたてるとき，

2) Location（立地）：自国で生産し輸出するよりも，外国で生産するほうが有利であるとき，

3) Internalization（内部化）：外国の企業に生産委託（ライセンシング）するよりも，子会社を設立し自社で海外生産をコントロール（内部化）したほうが高い利益を得られると期待されるとき，

であると指摘している．Dunning (1981) の OLI 理論は，しっかりとした数学的な枠組みに基づく理論ではないが，企業が海外直接投資を行う際の意思決定要因や立地先の選定要因を考える上での重要なポイントを見事に整理している．たとえば，自動車メーカーは，自社の生産技術やカンバン方式のよう

なノウハウを海外市場に持ち込むことで現地市場への浸透を図っている（Ownership Advantage）．また，自動車やエレベーターのように輸送費が高く，現地生産による輸送費の節約メリットが大きい製品は，自国で生産し輸出するより現地生産が有利となる．あるいは電子部品のように1製品当たりの輸送費が小さい製品の場合，一部の労働集約的な工程のみを賃金の安い途上国の生産拠点に移転させる直接投資が行われる．このように投資先に魅力（Location Advantage）があるとき直接投資が行われる．最後の「内部化」（Internalization Advantage）は，外国の地場企業に生産を委託するか自社工場を設立するかの選択である．たとえば電子機器や精密機器などで先端的な技術や特殊なノウハウを駆使する企業は，海外で生産される製品の質を維持し，技術の漏えいを防ぐために，たとえ受け皿となる地場企業がいたとしても，海外直接投資によって海外の生産拠点を内部化するインセンティブを持つ．

このようにOLI理論は海外直接投資の動機を整理する上では有用性が高い．しかし，一方で，さまざまな要因のうち，どのような状況で，どの要因がより強い影響力を持つかといった諸要因の関連性は明らかでない．こうした諸要因の関連性を紐解くには，理論モデルによる考察と統計データによる実証分析が必要となる．こうした問題意識の下，1980年代半ばごろから，海外直接投資の理論・実証研究が活発に行われるようになった．こうした初期の理論・実証研究では，海外直接投資をその目的に注目して水平的直接投資と垂直的直接投資に分類し，分析・考察を行ってきた．水平的直接投資は，海外に拠点を設けて国内とほぼ同様の生産活動を行うような海外直接投資を指し，先進国向けの直接投資に広くみられる．それに対して，垂直的直接投資は，国内の生産活動の一部の工程を海外に移すような直接投資と定義され，途上国向けの直接投資に多いとされる．

本章の構成は以下のとおりである．2.1節，2.2節では，第1章で紹介した海外直接投資の傾向を念に，これらの2つのタイプの直接投資のメカニズムに関する研究を紹介する．2.3～2.7節では日米直接投資統計による直接投資パターンの比較，アウトソーシングとの比較，新規投資かM&Aか，その他の直接投資のタイプを紹介し，2.8節では，これらのメカニズムを踏まえて，なぜ対日直接投資が少ないのかについての既存研究を紹介する．

図 2.1　輸出企業と水平的直接投資企業

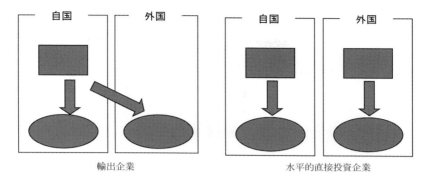

2.1　水平的直接投資

　水平的直接投資は自国と同じ製品を海外でも生産するタイプの直接投資を指す．そのため，図 2.1 のように企業は，自国に生産拠点を集中させ海外には輸出を行うか，自国と外国にそれぞれ生産拠点を分散させ各市場に製品を供給するかの選択を行う．たとえば，トヨタ自動車は，2012 年現在，世界 23 カ国に生産拠点を持っており，各国市場向けに自動車を生産している．これは自動車の場合，輸送費がかさむため市場に近いところで生産するほうがコストを抑えることができるからである．一方で，中東など未進出地域には，日本国内の工場から輸出が行われているといわれている[3]．

　水平的直接投資の理論的なメカニズムは，Markusen (1984), Brainard (1993) などの理論研究，Brainard (1997) による実証研究で議論・検証されている．以下，Brainard (1993, 1997) の設定に基づき，企業が海外で生産活動を行う

---

[3] トヨタ自動車の決算資料によると，2012 年時点の中近東での販売台数は 68.4 万台である．うち，36.4 万台が日本からの輸出とされている．残りの 32 万台は第三国生産拠点からの輸出となっている．なお，第三国生産拠点からの輸出は年々拡大しており，こうした海外拠点から他地域への輸出を行うタイプの海外直接は，近年，輸出基地型直接投資として注目を集めている．輸出基地型直接投資については 2.5 節で紹介する．

際，どのようなメリット・デメリットが発生するかを紹介しよう．メリットとしては，技術やノウハウの活用と市場への近接性（Proximity to market）である．企業が所有する技術やノウハウは，ほとんどコストをかけることなく他の生産拠点に導入が可能である．こうした企業の知識生産活動には規模の経済性があり，生産拠点を増やしていくことでそのメリットを最大限に享受できる．もう一つの市場の近接性は，海外に生産拠点を設けることで貿易費用（輸出の際の輸送費＋関税等のコスト）を節約できるというものである．一方，デメリットとしては，生産拠点を分散させることによる生産部門における規模の経済性（Concentration）の喪失がある．いままで輸出していた国内生産を海外に移転させると，国内の生産規模が小さくなるので規模の経済性が失われる可能性がある．水平的直接投資では，これらのメリット・デメリットの大小関係で海外直接投資が行われるかどうか決まってくると考えられる．このうち貿易費用は，輸送費のみならず，関税などのさまざまな貿易政策によって変わってくる費用も含まれる．たとえば，相手国が関税率を上昇させると輸出による利益が減少するので，企業は現地生産を行うことで市場への貿易費用を節約するインセンティブを持つことになる．

Brainard（1997）は，この理論モデルを検証すべく，米国のデータを用いて，以下のような推計式を推計している．

$$EXshare_i^j = \beta_0 + \beta_1 FREIGHT_i^j + \beta_2 TARIFF_i^j + \beta_3 PWGDP_i + \beta_4 TAX_i$$
$$+ \beta_5 TRADE_i + \beta_6 FDI_i + \beta_7 PSCALE^j + \beta_8 CSCALE^j + \varepsilon_i^j$$

被説明変数の $EXshare$ は，i 国市場にアクセスする j 産業の企業の輸出シェア，すなわち，輸出／（輸出＋海外現地法人売上高）であり，輸出と現地生産のどちらが大きいかを示している．一方，説明変数は輸送費 $FREIGHT$，関税率 $TARIFF$ が貿易費用であり，これが大きいと企業は輸出よりも現地生産を選択するので，$\beta_1 < 0$ と $\beta_2 < 0$ が期待される．$PWGDP, TAX, TRADE, FDI$ は i 国の属性を示す変数であり，それぞれ一人当たり GDP，法人税率，貿易開放度，直接投資開放度である．残りの2つの変数は産業の規模の経済性を示す変数で，$PSCALE$ と $CSCALE$ はそれぞれ工場レベルの規模の経済性指標と企業レベルの規模の経済性指標である．それぞれの規模の経済性を示す指

標としては，各産業の製造部門の従業者数，ならびに非生産部門の従業者数が用いられている．$PSCALE$ が大きければ企業は国内に生産拠点を集中させようとするのに対して，$CSCALE$ が大きければ生産拠点を分散させるインセンティブが働くと考えられるので，$\beta_7 > 0$ と $\beta_8 < 0$ が期待される．Brainard (1997) は，米国の海外直接投資統計と貿易統計を用いて上記の式を推計している．その結果，輸送コストと関税率の係数，β_1 と β_2 はともにマイナス，規模の経済の係数である β_7 と β_8 は，それぞれプラスとマイナスになり，理論仮説が検証されたと報告している．

上記の実証研究で，貿易コストは輸送コストと関税率で計測されていたが，貿易コストは関税以外の貿易政策によっても変化する．たとえば，1980年代の欧州では VTR や複写機の日本メーカーに対してダンピングでクロの裁定が出たことにより，現地生産が加速した．ダンピングでクロと判定されると，非常に高いアンチダンピング関税が課される．企業はこれを回避するために直接投資を行うのである．VTR の場合，1982年にダンピングの提訴が行われると，ソニーと日本ビクターがドイツで現地生産を開始し，松下，三菱電機，東芝がそれに続いている[4]．米国においては，コダック社が富士フィルムを対象としたダンピング提訴により，富士フィルムが1995年にサウスカロライナ州の Greenwood に生産拠点を設置し，カラー印画紙の現地生産を開始している．自動車については，米国で1980年代初頭にダンピング提訴が行われたものの，結果はシロであった．しかし，当時，貿易摩擦は政治的な対立に発展しており，日本側は一時的な対応措置として輸出の自主規制を行うこととした．この措置は一時的な対応であるため，長期的な貿易摩擦回避措置として，1982年のホンダ・オハイオ州メアリーズビルへの進出を皮切りに，各自動車メーカーはアメリカでの現地生産を開始している．これらの直接投資は，いずれも貿易コストを節約するための水平的直接投資と理解することができる．この点は計量的分析でも確認されており，日本の欧州向け直接投資とアンチダンピング措置の関係を分析した Belderbos (1997) や，米国のアンチダンピング措置と FDI の関係を分析した Blonigen (2002) などがある．Blonigen

---

[4] Sachwald (1995) の P. 112, Figure 3 を参照．

(2002) では，海外生産の経験のある比較的規模の大きい先進国企業でアンチダンピング措置に対応した直接投資が行われることが示されている．

2.2　垂直的直接投資

先進国向けの直接投資は，トヨタの海外展開の事例からも明らかなように，自国と同じ財を各国で生産するタイプの直接投資に広くみられる．一方，生産工程のうち労働集約的な工程を，賃金の安い途上国に移転させることを目的とした直接投資のことを垂直的直接投資と呼ぶ．

垂直的直接投資の先駆的な研究である Helpman（1984）では，多国籍企業による垂直的直接投資は，二国間で要素比率が大きく異なる際に発生すると指摘されている．今，熟練労働者と非熟練労働者を持つ二国を考えよう．また，企業は，製品開発などの R&D を担当する本社部門と製造部門を持ち，前者のほうがより熟練労働者集約的であるとしよう．もし，二国間で熟練労働者と非熟練労働者の賦存量（利用可能な総量）の比率に違いがなければ，企業は海外で生産するインセンティブを持たない．なぜなら，両国の熟練労働者と非熟練労働者の賃金は等しくなるので，わざわざ本社部門と生産部門を別の国に配置する必要はないからである．しかし，二国間で熟練労働者と非熟練労働者の比率が大きく異なる場合，熟練・非熟練労働者の賃金は二国間で均等化せず，相対的に賦存量が多い労働者の賃金が相対的に安くなる．そのため，企業は非熟練労働者比率の大きい国に製造部門を設置し，熟練労働者が豊富な国に本社部門を設置するという垂直型の直接投資を行うインセンティブを持つことになる．図 2.2 は，このタイプの直接投資を図示したものである．○を本社部門，□を製造部門とすると，垂直的直接投資企業は□の製造部門を海外に移す直接投資と定義できる．

Helpman（1984）の垂直的直接投資モデルは，本社部門と製造部門の分離として分析されているが，実際の企業の直接投資パターンをみると，製造部門のうち労働集約的な一部の生産工程を海外に移転させる海外直接投資がアジア地域では広範にみられることが指摘されている．このような直接投資の場合，資本集約的な中間財を国内で生産し，その後，海外現地法人に輸出，海外で組み立てた後，再び自国に輸出される．そのため途上国では中間財の貿

図 2.2 輸出企業と垂直的直接投資企業

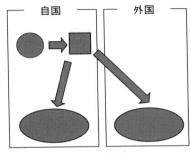
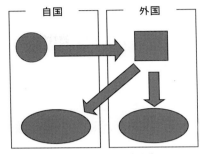

輸出企業 　　　　　　　　　　　垂直的直接投資企業

易が拡大していると指摘されている[5]．こうした生産工程の一部を異なる場所に移転させることをフラグメンテーション（fragmentation）と呼び，Jones and Kierzkowski（1990）や Deardorff（2001）などによって研究が行われている．

　垂直的直接投資の典型例としては，半導体メーカーのアジア向け投資があげられる．半導体の生産工程は，高度な生産技術とクリーンルームが必要な前工程と，検査や組み立てなど労働集約的な後工程によって構成される．半導体は製品サイズが小さく，空輸であっても大量の輸送が可能であるため，1970年代，1980年代ごろから労働集約的な後工程の海外移転が行われてきた．たとえば，NEC は 1974 年にマレーシアに後工程を担う海外生産拠点を設けている．こうした海外拠点と自国との間では中間財の貿易が行われていることが知られている．表 2.1 は，2000 年の経済産業省「海外事業活動基本調査」の個票データを再編加工した松浦ほか（2008）による日系電機メーカーの海外現地法人の地域別販売・調達比率である．まず，電子部品・デバイスを生産する製造子会社の日本向け輸出比率をみてみると，NIES, ASEAN4, 中国のいずれの生産拠点においても高い比率となっている．電子機器用・通

---

[5] たとえば Hummels et al.（2001）は OECD の産業連関表を用いて，世界の貿易量のうち 30％が工程間分業に伴う中間財貿易であると指摘している．同様に，Yeats（2001）は貿易データから，OECD 諸国の電機・輸送機械の輸出額のうち 30％が部品などの中間財であると指摘している．

表2.1 日系電気機械製造業の海外現地法人の地域別販売調達比率（2000年）

	北米	欧州	NIEs	ASEAN4	中国		北米	欧州	NIEs	ASEAN4	中国
現地調達率						**現地販売率**					
電子部品・デバイス	40%	34%	36%	41%	29%	電子部品・デバイス	66%	47%	50%	36%	34%
電子機器用・通信機器用部品	24%	40%	7%	12%	6%	電子機器用・通信機器用部品	36%	25%	31%	13%	8%
半導体						半導体					
電気機械製品						電気機械製品					
民生用電気機械	49%	44%	53%	51%	62%	民生用電気機械	91%	53%	39%	54%	65%
電子計算機・電子応用装置	65%	22%	39%	38%	49%	電子計算機・電子応用装置	58%	69%	26%	26%	50%
通信機械	37%	41%	57%	41%	32%	通信機械	87%	58%	38%	36%	49%
その他電気機械	50%	40%	39%	22%	35%	その他電気機械	74%	43%	60%	29%	45%
日本からの輸入比率						**日本向け輸出比率**					
電子部品・デバイス	45%	38%	37%	40%	51%	電子部品・デバイス	4%	4%	19%	30%	37%
電子機器用・通信機器用部品	55%	58%	84%	85%	91%	電子機器用・通信機器用部品	38%	25%	50%	60%	68%
半導体						半導体					
電気機械製品						電気機械製品					
民生用電気機械	32%	28%	32%	24%	28%	民生用電気機械	2%	16%	27%	17%	18%
電子計算機・電子応用装置	35%	43%	39%	34%	38%	電子計算機・電子応用装置	4%	3%	34%	40%	21%
通信機械	39%	32%	17%	32%	44%	通信機械	1%	6%	32%	35%	28%
その他電気機械	32%	36%	45%	52%	47%	その他電気機械	13%	3%	21%	22%	27%
第三国からの輸入比率						**第三国向け輸出比率**					
電子部品・デバイス	12%	23%	14%	15%	14%	電子部品・デバイス	16%	42%	22%	32%	26%
電子機器用・通信機器用部品	1%	2%	9%	4%	3%	電子機器用・通信機器用部品	7%	50%	19%	28%	24%
半導体						半導体					
電気機械製品						電気機械製品					
民生用電気機械	18%	29%	11%	17%	10%	民生用電気機械	7%	31%	29%	24%	10%
電子計算機・電子応用装置	0%	35%	22%	24%	1%	電子計算機・電子応用装置	28%	31%	40%	34%	4%
通信機械	19%	27%	20%	27%	21%	通信機械	6%	36%	21%	29%	23%
その他電気機械	9%	19%	11%	26%	18%	その他電気機械	8%	50%	15%	43%	28%

出所：松浦ほか（2008）より転載。
注：北米は米・カナダ、欧州は旧中東欧諸国を含む。NIEsは韓国・台湾・香港・シンガポール、ASEAN4は、タイ・マレーシア・インドネシア・フィリピン。

信機器用部品では，欧米生産拠点において4%であるのに対して，アジア諸国拠点においては19%～37%，半導体では，北米拠点において38%，欧州拠点において25%であるのに対して，アジア諸国拠点においては50%～68%に達している．同時に，NIES, ASEAN4, 中国に立地する電子部品・デバイスの生産拠点の日本からの輸入比率は，とりわけ半導体において84%～91%という高い比率になっており，北米（55%），欧州（58%）におけるそれを大きく上回っている．この結果は，半導体生産において，日本とアジア諸国の間で活発な工程間分業が行われていることを裏付けるものである．

他の製品の事例としては，平成7年「通商白書」（PP. 251-253）では，日本のパソコン・メーカーの部品の生産立地の分布が紹介されている．部品のうち，高度な技術が必要とされる液晶パネルや半導体，プリント基板などは日本で生産されているのに対して，電源ユニット，ハードディスクドライブ，フロッピーディスクドライブ，キーボードなどはアジア諸国で生産されており，最終組み立ては消費地で行われていると報告している．

2.3　垂直的直接投資 v.s. 水平的直接投資：知識資本モデル

垂直的直接投資と水平的直接投資を統合するモデルとして提案されたのがMarkusenらによる知識資本モデルである．知識資本モデルでは次の二つの仮定をおいている．第一に，生産部門は非熟練労働集約的，本社サービスは熟練労働集約的であり，両者は異なる場所に立地させることができる．この仮定により，企業は，非熟練労働が豊富な国で生産活動を行い，熟練労働者が豊富な国に本社部門を立地させることになる．第二に，本社サービスは公共財的な機能を持ち，本社で行われる技術開発などは他の生産拠点でも利用できるとしている．

Markusen (2002) は，知識資本モデルを用いて，投資国と被投資国の経済規模，熟練・非熟練労働者比率，貿易コストなどが変化した際に，企業はどのような直接投資を行うかをシミュレーション分析から明らかにしている．

1) 貿易費用が程々に高く，両国の経済規模，熟練・非熟練労働者比率が類似しているとき，水平的直接投資が行われる．

2）熟練・非熟練労働者比率が類似しているものの，両国の経済規模に差があるとき，自国に本社部門・生産部門の両方を立地させ，海外市場には輸出でアクセスする．
3）両国の経済規模が類似しているものの，両国の熟練・非熟練労働者比率に差があるとき，熟練労働者が豊富な国に本社部門を配置し，非熟練労働者が豊富な国に生産部門を設置する垂直的直接投資を行う．
4）貿易コストが低い場合で熟練・非熟練労働者比率が類似しているときは，水平的直接投資を行うよりも自国から輸出するほうが有利となるので直接投資は行われなくなる．ただし，貿易コストが低い場合で熟練・非熟練労働者比率が異なる場合は，垂直的直接投資が有利になる．

さらに，このモデルによる実証研究がBlonigen et al.（2003）である．彼らは以下のようなモデルを推計している[6]．

実質海外子会社売上^{ij}
$$= \beta_0 + \beta_1(GDP^i + GDP^j) + \beta_2(GDP^i - GDP^j)^2 + \beta_3(|Skill^i - Skill^j|)$$
$$+ \beta_4(|GDP^i - GDP^j|)(|Skill^i - Skill^j|) + \beta_5 \alpha^j + \beta_6 \tau^j$$
$$+ \beta_7 \tau^j (Skill^i - Skill^j)^2 + \beta_8 \tau^i + \beta_9 Distance^{ij}$$

被説明変数は，i国企業がj国に所有する子会社の実質売上額である．説明変数は，最初の二項が，それぞれi国とj国のGDPの合計，二国のGDPの差の二乗であり，前者は両国の市場規模を示し，後者は二国間の経済規模のバラつきを示す．GDPの差の二乗は，両国の経済規模に差があると大きな値になり，類似していると小さくなる．したがって，上記の1）より，係数β_1とβ_2の期待される符号は水平的直接投資のとき$\beta_1>0$と$\beta_2<0$，垂直的直接投

---

[6] なお，知識資本モデルの実証研究は，Markusen and Maskus（2001, 2002）やCarr et al.（2001）などでも行われている．ただし，データや定式化によって技能労働者比率の係数が異なるなどの問題点が指摘されていた．Blonigen et al.（2003）は，これらの研究で技能労働者比率の差が説明変数に用いられている点が問題であると指摘し，技能労働者の差の絶対値をとることで頑健な結果が得られることを示した．

資のとき $\beta_1 = \beta_2 = 0$ となる．次に第三項は，熟練労働者比率（$Skill$）の差の絶対値である．理論仮説によると，両国の熟練労働者比率が異なっているほど，水平的直接投資が行われにくくなる．したがって，垂直的直接投資のときは $\beta_3 > 0$, 水平的直接投資のときは $\beta_3 < 0$ となる．その他の説明変数は，第四項は，二国のGDPの差の絶対値と熟練労働者比率の差の絶対値の交差項であり，残りの説明変数の α^j は j 国の投資コスト，τ^j は貿易コスト，$Distance^{ij}$ は二国間の距離である．

Blonigen et al.（2003）の実証分析では，1986年から1994年の米国の海外直接投資統計から得た国別海外子会社売上高を用いて上記の仮説を検証している．熟練労働者比率 $Skill$ は，各国の技能労働者比率（専門的・管理的労働者の比率），投資コストや貿易コストはWorld Competitiveness Reportに報告されている最小値が0，最大値を100とする指数である．推計結果からは，市場規模の係数と市場規模の差分の二乗の係数は，$\beta_1 > 0$ と $\beta_2 < 0$ となり，水平的直接投資と整合的な結果が得られたと報告されている．一方，熟練労働者比率が海外子会社売上高に及ぼす影響は，いくつかの交差項が含まれているため限界効果を計測する必要がある．そのため，Blonigen et al.（2003）では以下の式を計算し，熟練労働者比率がその標準偏差分だけ変化したときの海外子会社売上の変化幅を計算している．

$$\frac{\partial 実質海外子会社売上^{ij}}{\partial |Skill^i - Skill^j|} = \beta_3 + \beta_4(|GDP^i - GDP^j|) + 2\beta_7(\tau^j)(Skill^i - Skill^j)$$

計算の結果，推計のサンプルや推計式の定式化を変更しても技能労働者比率の差の絶対値が実質売上高に及ぼす影響はマイナスになったと報告している．この結果は米国の海外直接投資の多くが水平的直接投資であることを示唆するものである．

2.4 垂直的直接投資 v.s. 水平的直接投資：日米比較

前述のとおり，米国データによる研究では，米国企業による直接投資は水平的直接投資が大部分を占めるという実証結果が示されている．では日本企業の直接投資にはどのような特徴がみられるのだろうか．Tanaka（2011）は，

図2.3 日米の投資先の子会社売上規模と教育年数（1990年）

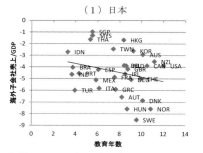
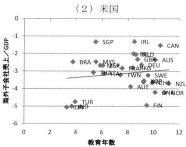

出所：Tanaka（2011）より．

　米国の対外直接投資統計と日本の海外事業活動基本調査（経済産業省）のデータを丁寧に整理し，国際比較を行っている．図2.3は，Tanaka（2011）によって示された被投資国の教育年数と海外子会社の売上規模（被投資国のGDPで基準化）の散布図である．被投資国の教育年数は技術労働者比率の代理変数として用いられている[7]．図2.3からは，米国では教育年数の高い国で売上規模が大きくなっているのに対して，日本では逆に，教育年数の低い国での売上規模が大きくなっていることがわかる．つまり，米国企業は所得水準の高い国への水平的直接投資を多く行っているのに対して，日本企業は所得水準の低い国への投資，すなわち，垂直的直接投資を多く行っていることを示唆している．さらに，様々な被投資国の属性をコントロールした回帰分析からも，被投資国の教育年数と海外子会社の売上規模の間の相関は日米で逆になっていると報告している．
　このような日米の違いはどのような要因によってもたらされているのだろうか．Tanaka（2011）では，その理由に踏み込んだ分析までは行われていないが，次の二つの要因を指摘している．まず，日米の地理的な違いである．日本は東アジアに位置し，中国や東南アジアなど投資環境の良い低賃金国に

---

[7] 熟練労働者比率と直接投資の間には，逆の因果関係の可能性，すなわち直接投資が拡大すると被投資国の熟練労働者比率も上昇する可能性があり，Tanaka（2011）では，いわゆる同時性バイアスを避けるために教育年数を用いている．

近接しているので垂直的直接投資が多いというものである．ただし，この点については，回帰分析で投資国と被投資国の距離などの様々な被投資国属性をコントロールしてもなお，被投資国の教育年数と海外子会社の売上規模の間の相関は日米で逆になることから，あまり説得的な理由とはいえない．第二の要因は，企業特性の違いである．回帰分析で被投資国の属性がコントロールされているとすれば，教育年数と海外子会社の売上規模の相関の違いは，被投資国の属性以外の要因，たとえば，日米の企業特性の違いに起因するのではないかと推測される．たとえば，日本とアメリカの電子機器メーカーでは，米系企業ではアウトソーシングが頻繁に行われているのに対して，日本企業はアウトソーシングより自社が所有する工場での生産を好む傾向にある．こうした日米の企業特性の違いは，IT技術の活用度合いや技術開発プロセス，人事制度の日米の違いなどが背景にあるのではないかと指摘されている．ただし，いずれの理由もケーススタディに基づくものであり，マクロ的な直接投資の傾向と結びつけるためには定量的な分析が不可欠であるといえる．

2.5 海外アウトソーシングと垂直的直接投資

第1節でみたとおり，企業が低賃金国で中間財を生産し調達する手段として，垂直的直接投資による自社生産のほかに海外の企業に生産を委託する海外アウトソーシングがある．海外アウトソーシングは，海外の自社子会社で生産した財を輸入する企業内貿易と同様，近年急速に拡大している．垂直背的直接投資による海外自社生産と海外アウトソーシングの選択は，自社生産か生産委託かという「企業の境界」の問題であり，近年では不完備契約の理論を国際貿易に導入した理論モデルに基づく分析が行われてきている[8]．たとえば，Antras（2003）はKrugman流の新貿易理論にGrossman and Hart（1986）の所有権アプローチを導入し，資本集約度（あるいはR&D集約度）の高いハイテク産業では企業内貿易が行われ，労働集約度が高いローテク産業では企業間貿易が行われることを理論的に示した．さらに，Antras（2003）は23産

---

[8] 詳細は，Helpman（2006）の第3節を参照されたい．

業，28 カ国を対象とする米国企業の貿易データを用いて上記の仮説の妥当性を確認している．

2.6 新規投資か M&A か？

ここまでの議論では，直接投資を実施する際の参入形態，すなわち，新規の投資（Green field investment）か既存企業の買収（Cross-border M&A，以後 M&A と呼ぶ）かについては議論してこなかった．新規投資の場合には土地や設備投資，また事業認可の取得など事業開始にさまざまなコストがかかるのに対して，M&A では既存企業の経営資源をそのまま利用するので事業開始のコストを節約することができる．一方で，M&A では，本社から子会社に経営資源を移転する際に摩擦が生じ，また，その買収費用は需給によって決まるため，しばしば巨額になる場合もある．よって，新規投資か M&A かよって投資コストが異なり，また，政策的な観点からは，直接投資誘致のための政策手段も異なってくると考えられる．

代表的な研究としては，Nocke と Yeaple による一連の研究がある．Nocke and Yeaple（2008）は，さまざまな国や企業の属性が変化したときに，新規投資と M&A のどちらが増加するかを分析している．たとえば，企業の生産性が高く，また，生産コストの高い国の企業が生産コストの低い国に投資する際には新規投資が好まれるが，生産コストに差がないときには M&A が行われる，といった点を指摘している．Nocke and Yeaple（2007）は，第 4 節で紹介する企業の異質性のモデルに経営能力（capability）という概念を導入し，どのような環境で，どのような企業の，どのような進出形態による海外直接投資が行われるかを分析している．ここでの経営能力は，異なる国でも適用可能な能力と，各国に固有の移転不可能な経営能力（たとえば顧客やサプライヤーのネットワークなど）を識別しており，後者がより重要なときには，地場企業が所有する移転不可能な経営能力を獲得するための M&A が主流となることを示している．

なお，実証研究としては，Raff et al.（2012）が東洋経済「海外進出企業総覧」の企業データを用いた分析を行っている．彼らの研究ではフォーマルな理論構築は行っていないものの，新規投資を単独出資と地場企業との共同出資に

分割するという点で，NockeとYeapleの研究を拡張している．つまり，進出形態としてM&A，単独出資の新規投資，共同出資の新規投資の三つのモードを対象としている．推計は二段階で行われ，第一段階ではFDIを実施するかどうか，第二段階では，どの進出形態を選択するかについて分析が行われている．分析結果からは，生産性が高い企業でM&Aよりも単独出資の新規投資が好まれることが示されている．

Nocke and Yeaple（2007）が指摘する，移転不可能な経営能力の獲得のためにM&Aによる海外直接投資が行われるという点は，以前から経営学分野でその重要性が指摘されてきている（たとえば，Shimizu et al., 2009）．この種の海外直接投資は，途上国企業が先進国企業を買収するタイプの直接投資に広くみられる．たとえば2008年にインドのタタ・モーターズがフォードグループから英国のジャガーとランドローバーを買収した事例は，当時注目を集めた．その他にも，近年ではアジア系企業による日本企業に対するM&Aも拡大している．

2.7 その他の直接投資のタイプ

ここまでで紹介してきた海外直接投資は，自国と外国の2カ国のうち，どちらで，どのように生産するかをモデル化したものであった．そして水平的直接投資は現地市場での販売が目的であり，一方，垂直的直接投資は工程間分業がその動機である．ところが，実際の海外現地法人のデータをみていくと，現地販売率が100％に近い，純粋な水平的直接投資型現地法人や日本からの調達率が著しく高い純粋な垂直的直接投資型現地法人は少ないことが知られている．たとえば，Baldwin and Okubo（2013）では，わが国の海外事業活動基本調査を用いて，現地法人の販売・調達パターンを概観し，1990年代半ばまでは，水平型，あるいは垂直型の現地法人が多かったが，2000年代半ばごろまでには，現地・日本・第三国から中間財を調達し，最終財は現地・日本・第三国に販売するような現地法人が増えてきていることを指摘している．Baldwin and Okubo（2013）は，こうしたタイプの海外直接投資をNetworked FDIと呼んでいるが，第三国との販売・調達が頻繁に行われているという事実は，従来の自国と外国の2カ国で議論されることの多かった海

外直接投資の理論研究に大きな示唆を与えるものである．近年は，こうした観察事実に基づき，複数の国を意識しながら投資先を決定する海外直接投資の研究が進んでいる．

本小節では3カ国以上から構成される世界を前提とした，代表的な2つのモデルを紹介しよう．第一は，Ekholm et al.（2007）で分析された輸出基地型直接投資（Export Platform FDI）である．輸出基地型直接投資とは，たとえば，アイルランドに進出するアメリカ企業で，その売上の多くを欧州大陸向けの輸出が占める現地法人を設立するような直接投資を指す．実際，多くのアメリカ企業がアイルランドに進出しているが，その理由は，英語が通じることと法人税率が低いことに加えて，地理的に欧州の西端に位置しているので，欧州各国市場にアクセスしやすいからである[9]．また，日本の自動車メーカー，トヨタ・本田・日産はイギリスに生産拠点を持ち，欧州大陸向けの自動車は英国工場から供給されている．輸出基地型直接投資で想定されるのは自国とA国とB国の3カ国で構成される世界であり，A国は小国で途上国，B国は大国で先進国とする．それぞれ自国から輸出するよりも，A国に生産拠点を設けて，そこからA国市場とB国市場に財を供給するほうが輸送費の節約になる場合に輸出基地型直接投資が実施される（図2.4 (a)参照）．一方，A国

図2.4　輸出基地型直接投資

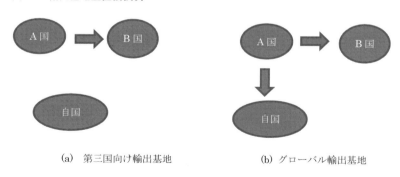

(a)　第三国向け輸出基地　　　　　(b)　グローバル輸出基地

---

[9] Ekholm et al.（2007）によると，アイルランドに立地する米系海外現地法人の売上高に占める欧州向け輸出比率は69%に達すると指摘されている．

に拠点を設けて，本国を含む世界各国の市場に財を供給するタイプの直接投資（図2.4 (b) 参照）も輸出基地型の直接投資といえるが，Ekholm et al.（2007）では，グローバル輸出基地と呼んでいる．従来の垂直型・水平型直接投資を含め，これらの投資パターンを規定する要因としては，各国間の要素価格差と輸送費である．輸送費が高ければ，B国に現地生産する水平型が選択されるが，A国とB国の間の輸送費が低ければ第三国向け輸出基地が選択される．A国とB国の輸送費が高く自国とA国の輸送費が低いときには垂直型が，A国からの輸送費がいずれの国でも低い場合にはグローバル輸出基地が選択されることになる．各国間の要素価格差は短期的には変化しないので，どのタイプの直接投資が選択されるかは自由貿易協定などの貿易政策が重要となってくるといえる．

第二のモデルは，Yeaple（2003）によって提唱された，複雑に統合された直接投資（Complex Integration）である[10]．Yeaple（2003）は，最終財は自国と先進国（図2.5のA国）でのみ消費され，最終財を生産するためには単純労働集約的中間財と技能労働集約的な中間財が必要となるという仮定を設定し，中間財工程と最終財工程がどのように立地されるかを検討している．各工程の立地は，中間財生産の固定費や輸送費，先進国と途上国の賃金格差などに依存して，さまざまなパターンが導かれる．ここでは詳細には踏み込まないが，先進国と途上国の賃金格差が大きいときには，輸送コストに応じて垂直的直接投資か複雑に統合された直接投資のいずれかが選択される．輸送コストが高いときには，B国で単純労働集約的な中間財が生産され，自国とA国で最終財の生産が行われる（図2.5(a)）．しかし，輸送費が低下してくると，最終財の生産工程を自国に集中させ，規模の経済のメリットを享受することが可能となる（図2.5(b)）．Yeaple（2003）の分析からは，国内外の生産拠点は，代替関係ではなく，補完的，あるいは相互依存的な関係になることが示されている．たとえば，途上国B国で単純労働集約的な中間財の生産が拡大すると，自国での技能労働集約的な中間財生産の拡大が可能となり，結果的に，自国での生産も拡大することになる．

---

[10] 図2.5は，戸堂（2008）の図4.1 (p. 87) を参考にしている．

図 2.5　複雑に統合された直接投資

(a) 単純労働集約的中間財生産を途上国に移転させるケース
（複雑に統合された直接投資）

(b) 最終財工程を自国に集中させるケース
（垂直的直接投資）

　以上でみてきたように，現実の海外直接投資パターンは複雑であり，要素価格差のみならず，各国間の貿易コストによって立地パターンが変わってくる．また，直接投資パターンによって貿易量も大きく変化するため，こうした直接投資のパターンを定量的に分析することは重要な意味を持つといえる．

2.8　対日直接投資はなぜ少ないか？

　ここまでの議論を踏まえて，なぜ対日直接投資が少ないのかについて，先行研究を紹介しておきたい[11]．第1節の図1.4で紹介した通り，わが国の対内直接投資は対外直接投資の規模に比べて著しく小さい．日本の場合，労働コストが高いので垂直的直接投資の生産拠点としての魅力は少ないかもしれな

---

[11] なお包括的なサーベイについては，深尾・天野（2004），並びに清田（2014）を参照されたい．

いが，水平的直接投資の場合，大きなマーケットは投資先の魅力となるはずである．では，なぜ対内直接投資は少ないのだろうか．

まず，欧米諸国からみると日本の市場は，地理的に離れており，また言語が異なるため，こうした要因が日本への直接投資を妨げている要因になっているかもしれない．これらの要因をコントロールするためグラビティーモデルを用いて分析した研究に Eaton and Tamura（1994），ならびに佐藤・大木（2012）がある．彼らは被説明変数に米国の OECD 諸国向け対外直接投資，説明変数に投資先の各国の GDP，一人当たり GDP，米国からの距離，英語を公用語とするかどうかのダミー変数，さらに日本を含む各国・各地域のダミー変数を用いた回帰分析を行っている．Eaton and Tamura（1994）は 1984 年～1990 年を，佐藤・大木（2012）は，Eaton and Tamura のサンプル期間を 1990 年～2009 年に拡張して分析を行っている．その結果，距離や言語をコントロールしてもなお日本向け直接投資は低い水準であり，「日本は一貫して直接投資先として『選ばれない国』であった」と結論付けている．

では，言語や距離といった要因以外にどのような要因が対日直接投資を妨げているのだろうか．従来の研究では，系列，規制，公的企業の存在が阻害要因であると指摘されてきた．系列については，Lawrence（1993）が「外資系企業動向調査」の産業別データを用いて対内直接投資の決定要因を分析し，企業系列が有意に対内直接投資を阻害していると報告している．しかし，その後のより詳細なデータを用いた研究（Weinstein, 1996; Fukao and Ito, 2003; Kimino et al., 2012）では否定的な結論が導かれている．規制や公的企業の存在については，伊藤・深尾（2003）が詳細な産業別の外資浸透率データによる実証分析を行っている．彼らの分析によると，製造業については，規制指標は有意ではないが公的企業のシェアは負で有意な結果を得たと報告している．一方，非製造業では，規制指標と公的企業のシェアがいずれも有意に負となり，こうした政策要因を改善することが対内直接投資の促進につながると結論付けている．ただし，彼らの研究では，どのような制度要因が阻害要因となっているのかまでは分析されておらず，これまでの様々な政府の施策の評価も含め，より詳細な分析が必要であるといえる．

2.9 まとめ：直接投資の動機

　本章では，さまざまなタイプの直接投資を紹介してきたが，今後，どのような直接投資が増加していくのか，また，直接投資の増加によって，世界各国の生産・貿易パターンがどのように変化していくかを考察するためには，以下の二つの点について分析を深めていく必要がある．第一は，どのような企業が，本章で紹介した様々なタイプの海外直接投資を実施しているのか，といった企業属性と海外直接投資パターンの違いである．第1章でも指摘した通り，同一産業であっても直接投資を行う企業とそうでない企業が併存していることが知られている．どのような条件の下で，どのような企業が，どのような直接投資を行っているのかを明らかにすることは，今後の直接投資の動向を探る上で重要な論題である．第二の分析は，直接投資のタイプ別に，その各国経済（投資国，あるいは被投資国の経済）への影響が異なるかどうかの検証である．海外直接投資の規模が拡大する中で，その国内経済への影響について関心が高まっているが，直接投資のタイプによって，その各国経済への影響は異なると考えられる．こうした点は，投資優遇政策，あるいは投資促進政策の在り方などを検討する上で重要な研究課題である．

第3章

海外直接投資における立地選択要因

　前節では，海外直接投資を水平的直接投資と垂直的直接投資にタイプ分けし，被投資国の熟練労働者比率と市場規模，輸送費が，多国籍企業の経済活動規模に及ぼす影響に関する研究を紹介した．しかし，海外直接投資の立地先の決定要因には，さまざまな種類があり，どの要因がどの程度，企業の立地先決定に影響を及ぼしているかが研究されてきている．本章では，離散選択モデルの一種である条件付きロジット・モデルを用いた海外直接投資の立地先決定要因分析を紹介する．

3.1　理論的枠組み：企業の立地確率の導出

　まず，直接投資を行う企業が投資先として，どの国・地域を選択するかを分析する枠組みを紹介しよう．ある企業 n が，選択肢集合 A から，投資先 i を選択することによって得られる利潤 π_{in} を以下のように表す．ここで，V_{in} は観察可能な立地属性で捕捉できる，つまり確率変動しない立地要因，ε_{in} は観察不可能な立地属性で撹乱項として扱う確率的に変動する立地要因である[12]．

$$\pi_{in} = V_{in} + \varepsilon_{in}$$

企業 n が選択肢 i を選択する確率 P_{in} は，以下のように書き表すことができる．

$$\begin{aligned} P_{in} &= \Pr(\pi_{in} > \pi_{jn}; i \neq j, j \in A) \\ &= \Pr(V_{in} + \varepsilon_{in} > V_{jn} + \varepsilon_{jn}; i \neq j, j \in A) \end{aligned} \quad (3.1)$$

ここで，$0 \leq P_{in} \leq 1, \sum_{i \in A} P_{in} = 1$ である．

---

[12] なお本論の記述は，Maddala（1983）第3章第1節に拠っている．

さらに確率項ε_{in}が第一種極値分布に従うと仮定することで，条件付ロジット・モデルが導出されることを示す．

まず，第一種極値分布の確率密度関数（p.d.f, λ）と分布関数（c.d.f, Λ）は，それぞれ以下のように定義される．

p.d.f. $\lambda(x) = \exp(-x) \cdot \exp(-\exp(-x))$

c.d.f. $\Lambda(x) = \exp(-\exp(-x))$

次に，選択肢iの選択確率（3.1）を，以下のように変形する．

$$P_{in} = \Pr(\varepsilon_{jn} < V_{in} - V_{jn} + \varepsilon_{in}; i \neq j, j \in A)$$

ここで，P_{in}は，ε_{in}が特定の値をとるときに，各ε_{jn}が$\varepsilon_{in} + V_{in} - V_{jn}$よりも小さくなるときの確率を表しているため，$P_{in}$は[$\varepsilon_{in} + V_{in} - V_{jn} > \varepsilon_{jn}$の同時確率]×[$\varepsilon_{in}$の確率密度]を積分したものとして表せる．つまり，

$$\begin{aligned} P_{in} &= \Pr(\varepsilon_{jn} < V_{in} - V_{jn} + \varepsilon_{in}; i \neq j, j \in A) \\ &= \int_{-\infty}^{\infty} \prod_{j \neq i} F(\varepsilon_{in} + V_{in} - V_{jn}) \cdot f(\varepsilon_{in}) d\varepsilon_{in} \end{aligned} \quad (3.2)$$

となる．積分の中の分布関数Fと密度関数fに第一種極値分布のそれらをあてはめると，

$$\begin{aligned} &\prod_{j \neq i} F(\varepsilon_{in} + V_{in} - V_{jn}) \cdot f(\varepsilon_{in}) \\ &= \prod_{j \neq i} \exp(-\exp(-\varepsilon_{in} - V_{in} + V_{jn})) \exp(-\varepsilon_{in} - \exp(-\varepsilon_{in})) \\ &= \exp\left[-\varepsilon_{in} - \exp(-\varepsilon_{in})\left(1 + \sum_{j \neq i} \exp(-V_{in} + V_{jn})\right)\right] \\ &= \exp\left[-\varepsilon_{in} - \exp(-\varepsilon_{in})\left(\sum_{j=i}^{J} \exp(-V_{in} + V_{jn})\right)\right] \end{aligned} \quad (3.3)$$

となる．さらに，

第3章　海外直接投資における立地選択要因

$$\lambda_{in} = \log\left(\sum_{j=1}^{J} \exp(-V_{in}+V_{jn})\right)$$

$$\exp(\lambda_{in}) = \sum_{j=1}^{J} \exp(-V_{in}+V_{jn})$$

とする．これを (3.3) に代入すると，

$$\exp\left[-\varepsilon_{in} - \exp(-\varepsilon_{in})\left(\sum_{j=1}^{J} \exp(-V_{in}+V_{in})\right)\right]$$
$$= \exp[-\varepsilon_{in} - \exp(-\varepsilon_{in}+\lambda_{in})]$$

となる．これを (3.2) に戻すと，

$$P_{in} = \Pr(\varepsilon_{jn} < V_{in} - V_{jn} + \varepsilon_{in}; i \neq j, j \in A)$$
$$= \int_{-\infty}^{\infty} \exp[-\varepsilon_{in} - \exp(-\varepsilon_{in}+\lambda_{in})] d\varepsilon_{in}$$
$$= \exp(-\lambda_{in}) \int_{-\infty}^{\infty} \exp(-\varepsilon_{in}^{*} - \exp(-\varepsilon_{in}^{*})) d\varepsilon_{in}^{*} \qquad (3.4)$$

が得られる．ただし，$\varepsilon_{in}^{*} = \varepsilon_{in} - \lambda_{in}$ である．(3.4) の積分記号以下は，第一種極値分布の確率密度関数であることに注意すると，地域 i が選択される確率は以下のような条件付ロジット・モデルで記述できることがわかる[13]．

$$P_{in} = \exp(-\lambda_{in})$$
$$= \frac{\exp(V_{in})}{\sum_{j=1}^{J} \exp(V_{jn})}$$

実際の推定では，V_{in} を立地候補地の地域属性，すなわち市場規模や賃金の

---

[13] なお，条件付ロジットモデルの推定では，Independence of Irrelevant Alternatives（その他の選択肢からの独立性）という仮定を課すことになる．最近の研究では，この仮定を緩めるために Nested Logit Model（入れ子型ロジットモデル）や Mixed Logit Model（混合ロジットモデル）なども用いられる．応用例としては，Basile et al. (2009) などを参照されたい．

関数として定義する．たとえば，企業が地域 r に拠点を設ける際の立地要因 V_r を以下のように定義する．

$$V_r = \alpha + \lambda \ln Y_r + \beta w_r + \gamma v_r$$

Y_r は r 地域の需要規模，w_r は r 地域の賃金，v_r は資本のユーザーコストとして，上記のロジット・モデルに導入することで係数を推計し，地域属性変数の変化や立地確率に及ぼす影響を分析する．

3.2 理論的枠組み：新経済地理モデルの導入

さて，第2節で紹介したように，欧州や東南アジアなどでは輸出基地型の海外直接投資が増加していることが知られている．輸出基地型の直接投資では，投資先の国から輸出可能な市場の規模も考慮に入れて企業は立地先を選択しているはずである．そこで，近年では，立地分析の枠組みに新経済地理モデルを導入することで，こうした動機を考慮した分析も行われている．ここでは，Combes et al. (2008) による新経済地理モデルに基づく立地選択の決定要因分析における理論的な枠組みを紹介しよう．合理的な企業であれば，投資先を決める際には，複数の候補地を比較検討し，最も高い利潤が得られると期待される地域に投資を行うはずである．単純なケースとして，次のような A, B, C の3地域から投資先を選択する企業を考えよう．3カ国は需要規模が等しく，企業はある1カ国に進出すれば，距離に依存する輸送費を支払うことで他の2カ国には輸出が可能であるとする．このとき，生産コストに差がないとすれば中央に位置する B 国に投資し，A 国市場と C 国市場には輸出でアクセスするのが輸送費を最小化する合理的な選択といえる．しかし，生産コストが国によって異なるとすれば，企業は，需要サイズ，輸送費，生産コストを勘案した期待利潤が最大になる地域を選択するはずである．

図3.1 投資先候補の例

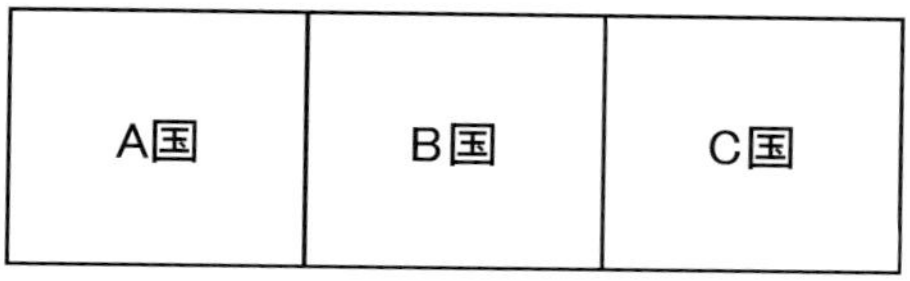

A国	B国	C国

これをもう少し一般化して考えよう．今，r 地域から s 地域に出荷することで得られる利潤を以下のように定義する．

$$\pi_{rs} = p_{rs}q_{rs} - m_r \tau_{rs} q_{rs} = (p_r - m_r) \tau_{rs} q_{rs}$$

ここで，q_{rs} と p_{rs} は r 地域から s 地域への出荷量とその出荷価格，τ_{rs} は氷塊型の輸送費[14]であり，$p_r = p_{rs}\tau_{rs}$ とする．m_r は限界費用である．

効用関数を CES 型と仮定すると s 地域における r 地域の財の需要関数は以下のように表される．

$$q_{rs} = (p_r \tau_{rs})^{-\sigma} P_s^{\sigma-1} \mu_s Y_s$$

ここで Y_s は s 地域の所得，μ_s は当該財への支出シェア，σ は代替の弾力性である．P_s は価格指数であり，以下のように定義される．

$$P_s = \left[\sum_r^R n_r (p_r \tau_{rs})^{-(\sigma-1)} \right]^{-\frac{1}{\sigma-1}}$$

また，CES 型効用関数を仮定すると，MR＝MC より，$p_r = \left(\dfrac{\sigma}{\sigma-1} \right) m_r$ が成り立つ．これらを利潤関数に代入すると，

$$\pi_{rs} = (p_r - m_r) \tau_{rs} q_{rs} = \frac{m_r \tau_{rs} q_{rs}}{\sigma - 1}$$

$$= \frac{m_r \tau_{rs}}{\sigma - 1} \left(\frac{\sigma}{\sigma-1} m_r \tau_{rs} \right)^{-\sigma} P_s^{\sigma-1} \mu_s Y_s$$

固定費用 F の下，r 地域に立地した企業がすべての地域に製品を出荷することで得られる利潤は，

$$\pi_r = \sum_s \pi_{rs} - F_r = \frac{\sigma^{-\sigma}}{(\sigma-1)^{\sigma-1}} m_r^{-(\sigma-1)}$$

$$\times \sum_s \tau_{rs}^{-(\sigma-1)} \mu_s Y_s P_s^{\sigma-1} - F_r$$

---

[14] 氷塊型輸送費とは，製品の一部が輸送中に溶けてしまう（数量が減少してしまう）ものとして定式化される費用であり，数学的に操作しやすいこともあり国際経済学のモデル構築の際にはよく利用される．

次に，企業が各地域 r に生産拠点を設ける確率を導出しよう．$c=\dfrac{\sigma^{-\sigma}}{(\sigma-1)^{\sigma-1}}$，$RMP=\sum_{s}\tau_{rs}^{-(\sigma-1)}\mu_s Y_s P_s^{\sigma-1}$ とし，対数をとると以下を得る．

$$\ln(\pi_r+F_r)=\ln c-(\sigma-1)\ln m_r+\ln RMP_r$$

なお，RMP は，価格を考慮した，r 地域に立地することでアクセスできる需要の大きさなので，実質市場ポテンシャル（Real Market Potential）と呼ばれる．ここで，固定費は地域によって差異がないと仮定し（$F_r=F, \forall r$），企業利潤を以下のように変形する．

$$\prod_r \equiv \frac{\ln(\pi_r+F_r)-\ln c}{\sigma-1}=\frac{1}{\sigma-1}\ln RMP_r-\ln m_r$$

$\ln m_r$ は，生産関数をコブ＝ダグラス型に特定化することで，以下のように定式化される．

$$\ln m_r=\alpha\ln w_r+(1-\alpha)\ln v_r-\ln A_r$$

ここで，w_r は r 地域の賃金，v_r は資本のユーザーコスト，A_r は技術水準である．

$$\prod\nolimits_e^{*}=\ln A_r+\frac{1}{\sigma-1}\ln RMP_r-\alpha\ln w_r-(1-\alpha)\ln v_r$$

ただし，この定式化では，各地域の利益水準が企業間で同一になってしまうので，すべての企業が同じ地域を選択することになる．そこで，企業 n －地域 r によって異なる固有の利潤攪乱要因 ε_{nr} を導入する．

$$\widetilde{\prod}\nolimits_{nr}=\ln A_r+\frac{1}{\sigma-1}\ln RMP_r-\alpha\ln w_r-(1-\alpha)\ln v_r+\varepsilon_{nr}$$

この ε_{nr} は確率変数であり，第一種極値分布に従うと仮定すると，企業が地域 r を選択する確率は，3.1 節で示したように以下の条件付ロジット・モデルとして表される．

$$\Pr{}_{nr} = \frac{\exp\left(\tilde{\Pi}_{nr}\right)}{\sum_s \exp\left(\tilde{\Pi}_{ns}\right)}$$

さて，このモデルを推定するためには，市場ポテンシャル変数を定義する必要がある．ここでは最も単純な定式化を一つ紹介しておこう．たとえば，

$$\tau_{rs}^{-(\sigma-1)} = \frac{1}{d_{rs}}, \quad \mu_r = \mu, \quad P_r = P, \forall r,s$$

という仮定を置くことにより，

$$RMP_r = \sum_s \frac{Y_s}{d_{rs}}$$

と単純化することができる．なお，d_{rs} は，本国から進出先までの距離である．ここでの定式化にはかなり強い仮定が置かれているが，この変数は Harris の市場ポテンシャル変数 (Harris, 1954) と呼ばれている．近年は，地域間の取引データを用いて RMP を推計する手法なども開発されている．興味のある読者は，Redding and Venables (2004) や Head and Mayer (2004) を参照されたい．

3.3 主な実証研究

これまでの研究では，上記の条件付きロジット・モデルを用い，説明変数として需要サイズやコストに影響する様々な要因を導入することで，企業の立地先の決定要因の分析が行われてきた．この枠組みでは，どの企業がどこに生産拠点を所有しているかというデータがあれば，容易にモデルを推計することができる．そのためこの文脈では以前から企業データを用いた分析が行われてきた．立地要因としては様々なものが存在するが，主要なトピックとしては以下の3つが比較的よく取り上げられてきた．

1） 投資優遇政策と立地先の選択

　日本企業の米国向け直接投資を対象としたHead et al. (1999) は，各種の投資優遇政策，具体的には外国貿易特区（foreign trade zone）や法人税，雇用補助金の影響について分析している．分析結果からは，確かに各種投資優遇政策は直接投資の誘致に正の影響を及ぼしているが，各州が似たような政策を用意していることもあり，そのインパクトはさほど大きくないと指摘している．Devereux et al. (2007) は，イギリスにおける裁量的地域補助金による立地優遇策の影響について分析している．補助金は企業立地に正の影響を及ぼしているものの，そのインパクトは集積地で強いことが示されている．逆にいうと非集積地では立地補助金のインパクトは限定的であるといえる．その他の地域を対象としたものとしては，中国の経済特区，あるいは沿岸開放都市の影響を分析したBelderbos and Carree (2002) や，ヨーロッパにおける地域格差是正のための構造基金（Structural Fund）・統合基金（Cohesion fund）のインパクトを分析したBasile et al. (2008) などが挙げられる．いずれも投資優遇策は企業立地に正の効果をもたらしていると報告している．

2） 市場統合と立地先の選択

　Head and Mayer (2004) は日系企業のヨーロッパにおける立地選択を分析している．Head and Mayer (2004) の特徴は，Redding and Venables (2004) によって開発された各地域の市場ポテンシャル指標（Market Potential）を用いている点にあり，欧州市場統合により他地域へのアクセスが良い地域ほど外国企業が多く投資しているかどうか分析している．推計結果からは，10％の市場ポテンシャル指標の改善は，3％から10％の立地確率の改善をもたらすと報告している．

　また，投資先の類似性指標から市場統合の影響を計測しようとする研究もある．投資先の類似性は，入れ子型ロジット・モデルを推計することで計測が試みられている．入れ子型ロジットとは，投資先を類似の選択肢でグループ化して推計するモデルであり，企業のアジア向け直接投資の意思決定を，図3.2のように，まずNIESかASEAN＋中国かを選択し，さらにASEAN＋中国であれば，タイ・インドネシア・中国などから立地先を選択するといっ

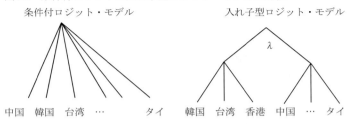

図3.2 条件付ロジットと入れ子型ロジット・モデルの比較

た階層的な意思決定をモデル化することが可能となる．このモデルでは，第一段階のグループ間の類似性を包括的効用値パラメータλで計測することができる．もしNIESとASEAN＋中国の選択肢グループが類似しているのであれば，λは1に近くなる．また，λが0に近いほど類似性が低いと判断できる．

たとえば，Mayer et al.（2007）は，1992年から2002年における，フランス企業の国内外の各地域に生産拠点を立地させる際の意思決定を対象とした実証分析を行い，海外地域に対する国内地域の立地の優位性が徐々に低下していることを示した．すなわち，年々包括的効用値λは1に近づき，国内地域と海外地域が同質的になっていることを発見した．同様に，Disdier and Mayer（2004）は仏系多国籍企業による東欧と西欧の間の同質性を調べた．結果として，時間を経るとともに，両者は同質的になっていることが示された．

3) 企業系列と立地先の選定

途上国向けの直接投資の場合，進出先で必要な中間財をいかに調達するかが問題となる．そのため，自動車産業などでは自動車メーカーが海外進出すると，それに追随して部品メーカーも同じ地域に進出する傾向にあることが知られている．また，こうした傾向は，自動車産業に留まらず広くみられるといわれている．この点を分析したのが，Head et al.（1995）である．彼らは日本企業の米国向け直接投資データを用いて，どの州に生産拠点を立地させるかを分析しており，すでに多くの日本企業が立地している州ほど，追加的な日系企業の新規進出が期待されると報告している．また，やはり日本企業

41

のデータを用いて中国向け海外直接投資を分析した Belderbos and Carree（2002）は，企業の系列情報を用いて分析している．その結果，立地選択において，同一の系列企業が立地している地域が選択されやすいことを示した．さらに，彼らの研究では，立地選択パターンが企業規模で異なるかどうかも分析しており，こうした傾向は中小企業でより顕著にみられると指摘している．以上の研究は，おおむね国籍が同じ企業の集積や，企業グループ・リスト（トヨタ系列など）に掲載されている企業の集積などに注目した分析であり，取引関係の有無について分析したものではない．この点について，Yamashita et al.（2014）では，東京商工リサーチ社の企業取引関係データベースを用いて，日本国内で取引関係のある企業が海外に移転した場合，それに追随する動きがどの程度みられるかを分析している．Yamashita et al.（2014）では，一次から三次まで取引先の集積指標を作成し，一次取引先の海外移転が企業の立地先選定に強い影響を及ぼしていることを示した．

　ここまでで紹介した研究はトヨタ系列や日産系列といった取引関係を中心とした系列に注目したものであるが，日本企業の系列関係は1990年代の以前のメインバンクの系列も重要な役割を果たしてきたといわれている[15]．銀行系列企業の経営者は，定例のグループ企業の社長会議などを通じて，グループ企業間で頻繁に情報を交換しているといわれており，海外市場に進出する際の情報交換なども行われていると考えられる．Blonigen et al.（2005）は，こうした銀行系列企業の集積が新規海外立地に及ぼす影響について分析を行っており，同一の銀行企業系列が集積している地域ほど立地先として選択されやすいことを示している[16]．

　なお，こうした同国籍企業の集積効果に関する多くの先行研究は日本企業のデータが用いられているが，同国籍企業の集積メリットは投資国と被投資国の文化的な近接性に依存することも指摘しておきたい．たとえば，Chang

---

[15] 取引系列を垂直系列と呼ぶのに対して，銀行系列は水平系列と呼ばれることがある．

[16] Blonigen et al.（2005）の実証研究は，銀行系列内の企業間で情報共有が活発であったと考えられる1985年から1991年のデータを利用している．現在では，都市銀行の合併が進み，銀行系列が消えつつあると言われているので，こうした効果は見られなくなっているものと思われる．

et al.（2014）は，日本企業と台湾企業の企業レベル・データを用いて対中直接投資を分析し，日本企業は特に生産性の低い企業で同国籍企業の集積地に立地する傾向が強くみられるのに対して，台湾企業ではそのような傾向がみられないことを確認している．

第4章

海外直接投資と企業の異質性

　1980年代，1990年代の海外直接投資の研究は，主に集計されたデータを用いて分析が行われてきた．集計レベルのデータを用いた研究は，マクロ的なトレンドを把握する上では有用であるが，第1節の表1.5でみたように，なぜ同一産業であっても海外に進出する企業とそうでない企業が併存するのかといった点を分析することができない．さらに，どのような企業が，世界的な貿易・投資の自由化のメリットを享受しているのかといった政策的な課題に応えることができない．こうした点を明らかにするために企業レベル・データを用いた分析が不可欠となる．企業レベル・データを用いた海外直接投資に関する研究は，Kimura and Kiyota (2006)，Mayer and Ottaviano (2008)，若杉 (2011)，などによって行われており，海外進出企業，輸出企業，国内企業の間に，売上，従業者数，生産性などで差がみられることが指摘されている．本章では，近年，注目を集める同一産業内における企業間の海外進出モードの違いに関する理論・実証研究を紹介する．

4.1　理論的枠組み

　ここでは，Melitz (2003)，あるいは Helpman et al. (2004) に基づき，差別化財を生産する，j国に立地する企業iが自社製品を，自国j国と外国であるk国に供給する際の生産パターンを考える．生産性は企業ごとに異なる，輸出の際には貿易コストがかかる，輸出，直接投資には市場開拓，あるいは海外子会社設立のための固定費がかかるなどの仮定をおき，企業が輸出，あるいは直接投資を行う条件を考える．

1) j国の消費者の効用

差別化財 x_{ij} は，企業 i が生産し，j 国で消費される財であり，企業ごとに差別化されているとする．効用関数を以下のようなCES型と仮定し，代替の弾力性を $\sigma = \dfrac{1}{1-\rho}$ $\left(\rho = \dfrac{\sigma-1}{\sigma}\right)$ とする．

$$u_j = \left(\sum_{i=1}^{N} x_{ij}^{\rho}\right)^{\frac{1}{\rho}}$$

このとき需要関数は以下のようになる．A_j は差別化財に対する実質支出額である．

$$x_{ij} = p_{ij}^{-\sigma} A_j, \quad A_j = \frac{E_j}{\sum_i p_{ij}^{-(\sigma-1)}}$$

2) 国内市場（自国 — j 国）での利潤

j 国における i 企業の財の需要関数は以下のように表される．

$$x_{ij} = p_{ij}^{-\sigma} A_j$$

次に，i 企業の費用関数を考えよう．θ_i を i 企業の生産性，可変費用を $VC_{ij} = w_j/\theta_i$，固定費用を $FC_{ij} = f^D$ とすると，費用関数は以下のように表せる．

$$C_{ij} = \frac{w_j}{\theta_i} x + f^D$$

また，独占的競争市場を仮定すると，市場の均衡価格はMR＝MCで決まる．すなわち，

$$MR = p_{ij}\left(\frac{\sigma-1}{\sigma}\right) = MC = \frac{w_j}{\theta_i}$$

を得る．これを価格について解くと，

第4章 海外直接投資と企業の異質性

$$p_{ij} = \left(\frac{\sigma}{\sigma-1}\right)\frac{w_j}{\theta_i} = \frac{w_j}{\rho\theta_i}$$

を得る．このときの利潤は，

$$\pi_{ij}^D = p_{ij}x_{ij} - \frac{w_j}{\theta_i}x_{ij} - f^D = B_D\Theta_i - f^D \tag{4.1}$$

ここで，$\quad B^D = A_j\left(\dfrac{w_j}{\rho}\right)^{1-\sigma}(1-\rho), \qquad \Theta_i = \theta_i^{\sigma-1}$

と表せる．この導出は以下の手順による．

$$\begin{aligned}
\pi_{ij}^D &= \underbrace{p_{ij}x_{ij}}_{\text{収入}} - \underbrace{\frac{w_j}{\theta_i}x_{ij}}_{\text{費用}} - f^D \\
&= \left(p_{ij} - \frac{w_j}{\theta_i}\right)x_{ij} - f^D \\
&= \left(p_{ij} - \frac{w_j}{\theta_i}\right)(p_{ij}^{-\sigma}A_j) - f^D \\
&= \left(p_{ij}^{1-\sigma} - p_{ij}^{-\sigma}\frac{w_j}{\theta_i}\right)A_j - f^D \\
&= \left(\left[\frac{w_j}{\rho\theta_i}\right]^{1-\sigma} - \left[\frac{w_j}{\rho\theta_i}\right]^{-\sigma}\frac{w_j}{\theta_i}\right)A_j - f^D \\
&= \left(\rho^{\sigma-1}\left[\frac{w_j}{\theta_i}\right]^{1-\sigma} - \rho^{\sigma}\left[\frac{w_j}{\theta_i}\right]^{1-\sigma}\right)A_j - f^D \\
&= \left((\rho^{\sigma-1} - \rho^{\sigma})\left[\frac{w_j}{\theta_i}\right]^{1-\sigma}\right)A_j - f^D \\
&= \left[\rho^{\sigma-1}(1-\rho)w_j^{1-\sigma}\theta_i^{\sigma-1}\right]A_j - f_j^D \\
&= A_j\left(\frac{w_j}{\rho}\right)^{1-\sigma}(1-\rho)\theta_i^{\sigma-1} - f^D \\
&= B^D\Theta_i - f^D
\end{aligned}$$

図 4.1 国内生産の生産性カットオフ水準

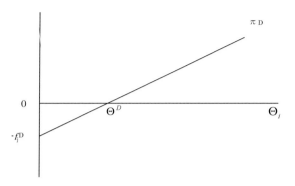

さて，(4.1) 式の利潤関数の下では，企業が正の利潤を得られる生産性水準を以下のように定義することができる．

$$\pi_{ij}^D > 0 \Leftrightarrow \Theta_i > \frac{f^D}{B^D} = \Theta^D \tag{4.2}$$

(4.2) 式はどのような意味を持つのだろうか．このとき，企業の利潤πは，企業の生産性に依存するので，生産性と利潤の関係は図のように表せる．

このとき，生産性水準がΘ^Dを下回る企業は操業しても利潤が得られないため，撤退してしまう．このΘ^Dを，国内操業のcut-off point と呼ぶ．

3）輸出による（k 国）利潤

次にj国に立地する企業iがk国に輸出する際の利潤を考えよう．

まず，第k国における需要関数を

$$x_{ik} = p_{ik}^{-\sigma} A_k$$

とする．次に，企業が負担するj国からk国への輸送費を$\tau \geq 1$とする．

輸出にともなう固定費$FC_k = f^X$とすると，輸出による費用関数は，

$$C_{ik} = \frac{\tau w_j}{\theta_i} x_{ik} + f^X$$

として表される.

独占的競争市場における利潤最大化条件 MR = MC より,輸出価格は,

$$p_{ik} = \frac{\tau w_j}{\rho \theta_i}$$

となる.このとき,輸出による利潤は,

$$\pi_{ik}^X = B^X \tau^{1-\sigma} \Theta_i - f^X \tag{4.3}$$

である.ただし,$B^X = A_k \left(\dfrac{w_j}{\rho}\right)^{1-\sigma}(1-\rho)$, $\Theta_i = \theta_i^{\sigma-1}$ である.

この利潤関数から,輸出を行う条件(輸出の cut-off point)は以下のように定義できる.

$$\pi_{ik}^X > 0 \quad \Leftrightarrow \quad \Theta_i > \frac{f^X}{B^X \tau^{1-\sigma}} = \Theta^X \tag{4.4}$$

ここで,$\tau > 1$,$1-\sigma < 0$ より $\tau^{1-\sigma} < 1$ に注意すると,国内生産と輸出の cut-off,つまりゼロ利潤線との交点は,以下のような序列を持つことになる.

図4.2 輸出の生産性カットオフ水準

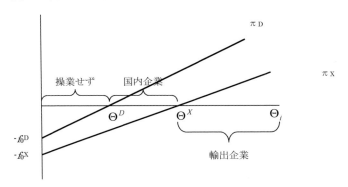

$$\Theta_j^D < \Theta_{jk}^X,$$

さらに，$A_k = A_j$，すなわち，$B_{jk}^X = B_j^D$を仮定すると，利潤関数の傾きは，$B^X \tau^{1-\sigma} < B^D$となる．輸出企業の利潤関数は，次の図4.2のように図示できる．
このときの企業の生産性水準と企業の生産パターンを整理しておこう．

- 生産性がΘ^Dよりも小さい：利潤を得ることができないので撤退
- 生産性がΘ^DとΘ^Xの間：利潤国内市場のみに財を供給
- 生産性がΘ^Xより大きい：国内のみならず海外にも財を供給

4）FDIによる現地（k国）生産の利潤

最後に，第k国に直接投資（FDI）により，財を供給する企業を考えよう．
ここでは，やはり第k国における需要関数は以下のように特定化する．

第k国における需要関数：$x_{ik} = p_{ik}^{-\sigma} A_k$

また，現地法人設立にともなう固定費$FC_{ik} = f^I$とするとFDIによる費用関数は，

$$C_{ik} = \frac{w_k}{\theta_i} x_{ik} + f^I$$

国内生産や輸出のときとは異なり可変費用がw_jではなく，w_kとなっていることに注意しよう．価格はMR＝MCで決まるとすると，k国の現地販売価格は，

$$p_{ik} = \frac{w_k}{\rho \theta_i}$$

となる．輸出と違って輸送費τがかからない点に注意してほしい．
さらに，現地市場における利潤は，

$$\pi_{ik}^I = B_k^I \Theta_i - f^I \tag{4.5}$$

第4章 海外直接投資と企業の異質性

ここで，$B^I = A_k \left(\dfrac{w_k}{\rho}\right)^{1-\sigma}(1-\rho)$, $\Theta_i = \theta_i^{\sigma-1}$ である．

(4.5) 式に基づきFDIによる利潤がプラスになる条件は，

$$\pi_{ik}^I > 0 \quad \Leftrightarrow \quad \Theta_i > \frac{f^I}{B^I} = \Theta^I \tag{4.6}$$

である．

では，企業はどのようなときに輸出とFDIをそれぞれ選択するのだろうか．直接投資のほうが輸出よりも利潤が高くなる条件は，(4.3)，(4.5) 式より，

$$\pi_{ik}^I > \pi_{ijk}^X \quad \Leftrightarrow \quad B_k^I \Theta_i - f^I > B_{jk}^X \tau^{1-\sigma} \Theta_i - f^X$$

ここで，$w_k = w_j$ を仮定すると，$B_k^I = B_{jk}^X = B$ を得る．整理すると，輸出よりもFDIの利益が高くなる条件は，

$$\Theta_i > \frac{f^I - f^X}{B(1-\tau^{1-\sigma})} = \tilde{\Theta} \tag{4.7}$$

となる．$\tilde{\Theta}$ がcut-off pointである．さらに，$\dfrac{f^X}{f^I} < \tau^{1-\sigma}$ を仮定すると，$\Theta_k^I < \tilde{\Theta}$ を得る．

これは，以下のように証明できる．まず，$\Theta_k^I < \tilde{\Theta}$ は，$\Theta_k^I - \tilde{\Theta} < 0$ と同義であることに注意しよう．すると，

$$\Theta_I - \tilde{\Theta} = \frac{f^I}{B} - \frac{f^I - f^X}{B(1-\tau^{1-\sigma})} = \frac{f^I(1-\tau^{1-\sigma}) - (f^I - f^X)}{B(1-\tau^{1-\sigma})} = \frac{f^X - \tau^{1-\sigma} f^I}{B(1-\tau^{1-\sigma})}$$

となる．ここで $\tau^{1-\sigma} < 1$ より，分母はプラスである．$\Theta_k^I - \tilde{\Theta} < 0$ とすれば，

$$f^X - \tau^{1-\sigma} f^I < 0 \Leftrightarrow \frac{f^X}{f^I} < \tau^{1-\sigma}$$

を得る．(4.7) の条件式は，直感的には，FDIの固定費が大きいか，τ が小さ

図4.3 海外直接投資の生産性カットオフ水準

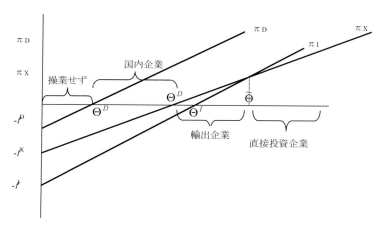

いとき，この条件は満たされる．また，利潤関数の傾きを輸出企業とFDI企業で比較すると，

$$B^X \tau^{1-\sigma} < B^I$$

を得る．つまり，FDI企業の利潤関数の傾きのほうが急であることがわかる．FDIによる利潤関数を図示すると，図4.3のように表すことができる．

図4.3より，企業の生産パターンは，生産性水準によって異なることがわかる．まず，一番生産性の高い企業は直接投資を行い，次のグループは輸出を，その次のグループは国内市場にのみ財を供給し，一番生産性の低い企業は操業しても正の利益を得られないためすぐ撤退することになる．

4.2 被投資国の市場特性と生産性格差

Helpman et al.（2004）は，国内企業，輸出企業，直接投資企業の間の生産性格差を説明する上では非常に有用なモデルである．一方で，いくつかの強い仮定を置いているため，現実の直接投資企業の特性とそぐわない点もみられ，いくつかの拡張が行われている．たとえば，自国と外国の市場規模や生産コストに関する仮定を拡張するものとして，Aw and Lee（2007），Yeaple

(2009),Chen and Moore（2011）や Wakasugi and Tanaka（2011）がある．Helpman et al.（2004）では，自国と外国の市場規模と生産コストが等しいと仮定しているため，進出先に関わらず常に生産性格差は一定となる．しかし，第1節でもみたように，実際には，途上国向けの直接投資が多い日本企業と，先進国向け直接投資が多い欧州企業で，国内企業−直接投資企業間の生産性格差を比較すると，日本のほうが，格差が小さくなっていることが指摘されている．

　Chen and Moore（2011）では，被投資国の生産コストや市場規模など投資先の魅力が異なると直接投資の生産性カットオフ水準が変わってくることを理論的に示した．さらに，彼女たちは，フランスの企業レベル・データを用いて，投資先により生産性カットオフが異なるかどうか分析している．その結果，生産コストが低い，あるいは市場規模が大きい，投資先の魅力が高い国・地域には生産性の低い企業も参入するが，生産コストが高い，あるいは市場規模が小さい国・地域には生産性の高い企業しか参入できないことを示した．また，日本については，Wakasugi and Tanaka（2011）が，やはり企業レベル・データを用いて海外進出先によって生産性格差の大きさが異なることを確認している[17]．

　Aw and Lee（2007）は，一つの企業が 2 カ国以上の国に進出する可能性を考慮した分析を行っている．具体的には，台湾を中所得国，米国を高所得国，中国本土を低所得国とみなして，どのような中所得国企業が，高所得国，あるいは低所得国に直接投資を行うかを分析している．彼らのモデルでは，高所得国市場と低所得国市場では要素価格が異なると仮定しており，現地法人設立の固定費の設定によって，海外直接投資パターンと企業の生産性の序列の関係が変わってくることを理論的に示している．実証分析では，台湾の企業レベル・データを用い，海外直接投資パターンと生産性水準の関係を分析している．分析結果からは，最も生産性の高い企業は米国と中国の双方に直接投資を行い，次に生産性の高い企業は米国のみに，次に生産性の高い企業

---

[17] 本章の補論 1 では，Helpman et al.（2004）の基本モデルを拡張し，自国と外国で賃金格差がある場合に生産性のカットオフ水準がどのように変化するかを紹介している．

は中国のみに投資し，生産性の低い企業は国内に留まると報告している．

投資先の国・地域の数が増加するとどうなるであろうか．Yeaple (2009) では，企業の生産性の投資先の国・地域の数について分析している．彼の分析によると，生産性の高い企業は多くの国・地域に進出し，また，1カ国当たりの売上高が高くなることを示した．さらに，投資先の市場規模や生産コストの面で優位にある市場には，生産性の高い企業のみならず，生産性の低い企業も参入する傾向にあるが，市場規模や生産コストで不利な市場には生産性の高い企業しか参入しないと報告している．なお残された課題として，生産性が高い企業ほど多くの国に投資することが予測されるが，その増加幅はモデルで示されるほどではなく，増加幅は逓減してく傾向が示されている．また，モデルは水平的直接投資であるため，輸出と現地生産のトレード・オフが前提とされているので距離が離れた市場ほど現地販売額が増加するはずであるが，実証結果は，むしろ逆になっていることが指摘されている．この点は，次節で紹介するKeller and Yeaple (2013) で分析されている．

4.3　企業の異質性と企業内中間貿易

第1章の冒頭で紹介したように，世界的に拡大している中間財貿易の大半が，多国籍企業内の企業内取引であることが知られている．最近の研究では，こうした企業内中間財貿易のパターンを考慮した企業の異質性を伴うモデルの開発も進められるようになってきている．

まず，企業内貿易と企業間貿易の選択について，Antras and Helpman (2004) が，2.5節で紹介した海外アウトソーシングと海外自社生産の選択問題に企業の異質性を導入することで，同一産業であっても，様々な調達パターンを持つ企業が併存することを示した．Antras and Helpman (2004) は，企業の生産性と本社投入の集約度に注目して，どのようなときに，企業の4つの調達パターン，国内アウトソーシング，国内自社調達，海外（途上国）アウトソーシング，海外（途上国）自社調達（海外直接投資）が選択されるかを分析している．彼らのモデルでは，国内アウトソーシング＜国内自社生産＜海外アウトソーシング＜海外自社生産の順に固定費が高くなると仮定しており，さらに，各産業の本社投入集約度の違い，企業の生産性の違いによって，異なる

調達モードが選択されると仮定している．具体的には，本社投入集約的でない産業では，生産性の高い企業が海外アウトソーシング，生産性の低い企業は国内アウトソーシングを選択するのに対して，本社投入集約的な産業では，自社生産も選択肢に含まれるようになり，高い固定費を伴った調達モードが選択されることを示した．

また，4.2節の最後に紹介した，海外現地法人の販売額が本国からの距離が離れるほど減少していくという事実を企業内貿易と結び付けて分析した研究にKeller and Yeaple（2013）がある．彼らの研究では，企業内中間貿易を，「知識を体化させた財による知識の移転」（Embodied knowledge transfer）と見做し，一方で，現地法人による中間財生産は「財に体化しない知識の移転」（Disembodied knowledge transfer）と見做して，どのような企業で企業内中間財貿易が行われるのか，あるいは現地法人による中間財生産が行われるのかを分析している．彼らの分析では，以下のような四つの仮説を導いている．第一に，知識集約産業の企業にとっては明文化されない知識が重要であり，本国から離れた国に立地している現地法人であっても，企業内中間財貿易が行われる点である．第二は，知識集約産業では，企業内中間財貿易が困難になると現地法人の生産コストが上昇するため，現地法人の生産性が低下し，結果的に売上が減少すると指摘している．第三に，本国と進出先のコミュニケーション費用が上昇すると，現地法人に頻繁に指示を送るのが困難になるので企業は「知識を体化させた財による知識の移転」，すなわち企業内中間財貿易を好む．第四に，「財に体化しない知識の移転」は固定費を伴うので，生産性の低い企業では「知識を体化させた財による知識の移転」を好む，というものである．

Keller and Yeaple（2013）では，こうした仮説を米国の経済分析局の対外直接投資統計を用い，従属変数として，総費用に占める中間財輸入額と現地法人売上高を用いた実証分析を行っている．説明変数については，関税率と輸送費で測った貿易コストを用いており，それに各産業のR&D集約度を交差させて分析している．親会社の生産性は，親会社の売上高，コミュニケーション費用としては米国と各国の間の電話代を用いている．推計結果は，上記の仮説を支持するものであり，多国籍企業の生産パターンにおける技術移転コ

ストの重要性を確認している.

　これまでの実証分析で，海外現地法人が本国から離れているほど現地法人の売上が低下するという事実が指摘されてきた（たとえば，Mayer and Ottaviano, 2008）．従来の水平的直接投資モデルでは，距離が離れるほど輸出が困難になるので現地生産が拡大するという予測が得られるが，従来の実証分析の結果ではそれと矛盾する結果が提示されてきたことになる．その点，Keller and Yeaple（2013）のモデルは，知識の移転コストという概念を導入することにより，多国籍企業の貿易パターンをうまく説明しているといえる．

4.4　まとめ

　本章では，近年，注目を集めている同一産業内における企業間の海外進出モードの違いに関する理論・実証研究を紹介した．Melitz（2003）あるいはHelpman et al.（2004）らの研究により，企業の生産性に関する異質性が，海外進出モードの違いを生み出すことが明らかとされ，それ以降，さまざまな拡張が行われていることを指摘した．ただ，本章で紹介した多くのモデルは水平的直接投資が前提とされている．とりわけ東アジアで広くみられる垂直的直接投資が考慮されていない．第1章や第2章で指摘したとおり，日本企業は東アジア諸国に工程間分業を伴う直接投資を行っている．こうした海外直接投資のメカニズムを理解するためには，工程間分業を明示的に考慮したモデルを導入する必要がある．本書の第6章では，こうした点を考慮した理論的枠組みと，実証研究を紹介する．

第4章・補論　企業の異質性と海外直接投資：賃金格差に関する考察

　本文で紹介したHelpman et al.（2004）の基本モデルでは j 国と k 国の賃金格差がないと仮定されているが，日本のFDIの場合，進出先の多くがアジア地域であり，これは現実的でない．日本の場合，本国 j 国よりも進出先の k 国のほうが賃金は低いことが多い．j 国と k 国の賃金格差がある場合どうなるだろうか．

　ここでは，自国 j 国より進出先の k 国のほうが賃金が安いケース（$w_j > w_k$）を考えよう．まず，輸出による利潤を，

第4章　海外直接投資と企業の異質性

$$\pi_{ik}^X = B^{X*} W_j \tau^{1-\sigma} \Theta_i - f^X \tag{4.3}'$$

のように定義する．ここで，$B^{X*} = A_k \left(\dfrac{1-\rho}{\rho^{1-\sigma}} \right)$，$W_j = w_j^{1-\sigma}$，$\Theta_i = \theta_i^{\sigma-1}$ である．

ここから輸出を行う条件は，以下のように導かれる．

$$\pi_{ik}^X > 0 \quad \Leftrightarrow \quad \Theta_X > \frac{f^X}{B^{X*} W_j \tau^{1-\sigma}} \tag{4.4}'$$

一方，FDI の場合の現地生産による利潤は，

$$\pi_{ik}^I = B_k^{I*} W_k \Theta_i - f^I \tag{4.5}'$$

である．ここで，$B_k^{I*} = A_k \left(\dfrac{1-\rho}{\rho^{1-\sigma}} \right)$，$W_k = w_k^{1-\sigma}$，$\Theta_i = \theta_i^{\sigma-1}$ である．

このとき，FDI による利潤がプラスになる条件は，

$$\pi_{ik}^I > 0 \quad \Leftrightarrow \quad \Theta^I > \frac{f^I}{B^{I*} W_k} \tag{4.6}'$$

輸出よりも FDI が選択されるのは，FDI のほうが輸出よりも利潤が高いときであるので $\pi_{ij}^I > \pi_{ij}^X$ を求めればいい．

(4.3)'，(4.5)' より，$B^{I*} W_k \Theta_i - f^I > B^{X*} W_j \tau^{1-\sigma} \Theta_i - f^X$

ここで $B^{I*} = B^{X*} = B^*$ より，輸出よりも FDI の利益が高くなる cut-off point は以下のように導かれる．

$$\tilde{\Theta} > \frac{f^I - f^X}{B^* (W_k - W_j \tau^{1-\sigma})} \tag{4.7}'$$

1) $\dfrac{f^I}{f^X} > \dfrac{W_k}{W_j \tau^{1-\sigma}} = \left(\dfrac{w_j \tau}{w_k}\right)^{\sigma-1}$ のとき,$\Theta_I < \widetilde{\Theta}$

2) $\dfrac{f^I}{f^X} < \dfrac{W_k}{W_j \tau^{1-\sigma}} = \left(\dfrac{w_j \tau}{w_k}\right)^{\sigma-1}$ のとき,$\widetilde{\Theta} < \Theta^I < \Theta^X$(固定費の格差<賃金格差)

直感的にいうと,この条件は,FDIの固定費が小さいか,w_kが小さいとき満たされる.

今,利潤関数の傾きの序列は,$B^{X*}W_j\tau^{1-\sigma} < B^{D*}W_j < B^{I*}W_k$になっているので,$W_j = w_j^{1-\sigma}$より,$w_j$が小さいほど$W_j$が大きくなることに注意されたい.

付図4.1 賃金格差があるときの海外直接投資の生産性カットオフ水準

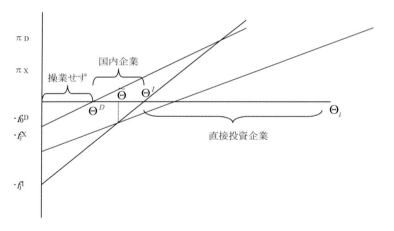

このとき輸出企業のレンジが消える.ここから,賃金格差が大きいと,輸出のレンジが小さくなり,最終的には消滅することがわかる.

第5章

海外直接投資が投資国・被投資国の経済に及ぼす影響

　海外直接投資が投資国・被投資国の経済に及ぼす影響は，主に実証的な側面から研究が進められてきた．本章は，海外直接投資の大まかな研究のトレンドを示すことが目的であるので，マクロ・産業レベル・データを用いた研究，ならびに輸出，雇用に注目する研究のうち，特に代表的なものを中心に紹介する．具体的には，5.1節で，海外直接投資のインパクトについての概念整理を行い，5.2節で海外直接投資が輸出に及ぼす影響について，5.3節では雇用に及ぼす影響について紹介する．5.4節は海外直接投資が被投資国の経済に及ぼす影響について紹介する．

5.1　海外直接投資のインパクトの概念整理

　まず，海外直接投資は，どのようなメカニズムで投資国，あるいは被投資国の生産や雇用，生産性に影響を及ぼすのだろうか．まず，投資国への影響から考えてみよう．第2章の分類に基づき，水平的直接投資と垂直的直接投資に分けて考えよう．水平的直接投資は，輸出か海外生産かの選択で投資の意思決定が行われる．よって，輸出が代替される分，国内生産や雇用が失われる可能性がある．さらに，国内生産の規模が縮小すると規模の経済性が失われ，生産性は低下するかもしれない．もし，こうした海外直接投資に伴う負の効果が大きければ，いわゆる「国内生産や雇用の空洞化」が発生することになる．ただし，先進国向け海外直接投資の中には，M&Aで投資国の企業を買収したり，投資国の技術にアクセスするための直接投資もあるので，海外直接投資により投資国からの技術のスピルオーバーにより生産性が向上する可能性がある．一方，垂直的直接投資の場合は工程間分業を伴うので，自国から海外子会社向けの中間財輸出が拡大する可能性がある．また，途上

国向けの直接投資の場合，生産性が低い労働集約的な生産工程が移管され，国内では資本集約的な生産工程に特化することになり，熟練労働者比率が上昇したり，国内の生産部門の生産性が向上すると考えられる．

次に，海外直接投資が被投資国の経済に及ぼす影響について考えよう．まず，被投資国には資本の流入による生産や雇用の拡大といった直接的なメリットがもたらされる．ただし，こうした効果は現地企業が外国人投資家から資金調達し投資を行った際（海外投資家からの証券投資による設備投資の際）にも期待されるので，海外直接投資の固有のベネフィットとはいえない．むしろ，外国企業が直接経営に関与する企業が参入することにより，新しい技術・経営ノウハウが市場に導入され，そうした知識が地場企業に伝播するといったスピルオーバーが存在することがより重要である．また，外資系企業が参入することによって競争が激化し，参入退出が活発化するという効果もあるとされている．こうした海外直接投資流入の影響がどの程度存在するかは実証的な問題であり，数多くの実証研究が行われている．

5.2 投資国への影響：輸出と海外直接投資の関係に関する研究

本節では，海外直接投資が投資国の輸出に及ぼす影響についての研究を紹介していく．前節で紹介したとおり，水平的直接投資と垂直的直接投資の輸出に対する影響は対称的で前者は代替的，後者は補完的となる．よって，直接投資の影響を分析する上では，まず，輸出と直接投資がどの程度，代替的，あるいは補完的なのかが重要となる．

海外直接投資と輸出の代替に関する研究は比較的古く，国別・産業別データを用いたものでは，Lipsey and Weiss (1981)，Clausing (2001) らによる研究があり，いずれも，海外直接投資と輸出の間には補完的な関係があると指摘している．その理由については，よりミクロのデータで分析が進められている．たとえば，Blonigen (2001) は，中間財と最終財の違いに注目し，工程間分業が海外直接投資と輸出の補完性の源泉であることを示している．具体的には，米国における日系自動車メーカーの海外直接投資と日本から米国への輸出の関係を分析し，海外直接投資による自動車組立工場の設立は自動

車部品の輸出を促進するのに対して，自動車部品工場の設立は自動車部品の輸出を代替することを示した．また，Swenson（2004）は，やはり米国データを用いて，マクロ・産業レベル，ならびに製品レベルの異なる海外直接投資変数を用いて，直接投資と製品レベルの輸出の関係を分析している．推計結果からは，マクロ・産業レベルの海外直接投資は製品レベルの輸出を拡大させるのに対して，製品レベルの海外直接投資は輸出を減少させると指摘している．Swenson（2004）の実証研究の結果は，自動車のみならず様々な産業・製品において，品目・製品レベルでみると海外生産は輸出を代替するが，中間財などの関連製品の輸出を促進するので，産業レベル，あるいはマクロレベルでみると補完的な関係が現れると解釈できる．

　同様の仮説を企業レベル・データで検証する試みも行われている．たとえば，Head and Ries（2001）は，海外直接投資と輸出の代替性・補完性について，企業データを用いて，部品メーカーと完成品メーカーの違いを分析している．彼らの研究では，完成品メーカーの海外直接投資は，同社の輸出を代替するのに対し，系列の部品メーカーの輸出を増加させていると報告している．深尾・程（1997）では，同じ仮説を海外直接投資の進出先の違いに注目して分析している．すなわち，垂直的直接投資が活発なアジア向けの海外直接投資では，工程間分業によって輸出が拡大するので両者は補完的，水平的直接投資が活発な欧米向けの海外直接投資では，輸出を現地生産に切り替えるものであるので両者は代替的であると報告している．以上でみたとおり，一口に海外直接投資といっても，輸出との関係は，その性質に依存しており，海外直接投資によって輸出が減少してしまうかどうかは，どのタイプの海外直接投資が増加しているのかを検討していく必要がある．

　これまで紹介した研究では，工程間分業が海外生産と輸出の補完性の源泉であるとするものが多いが，これ以外の経路として，Nishitateno（2013）は，海外進出による販路拡大の可能性について指摘している．Nishitateno（2013）では，日本の自動車産業における海外直接投資と輸出の関係を詳細な品目別に分析しているが，実証研究の結果から自動車部品の海外生産は，同一製品グループの輸出を促進する傾向にあると指摘している．この背景には，自動車部品メーカーは自動車メーカーに追随して海外進出することが多いが，海

外にでると，従来取引のなかった自動車メーカーとも取引を開始し，その結果，輸出も増えるのではないかと指摘している．ただし，この点については統計的な分析が行われているわけではないので，さらなる分析が必要といえる．

5.3　投資国への影響：企業データによる雇用に関する研究

　海外直接投資と輸出に関する研究から，工程間分業を伴う，いわゆる垂直型の海外直接投資の場合，輸出は必ずしも減少しないことが明らかとなった．労働需要は生産活動の派生需要と考えれば，垂直型の直接投資が増加すると国内雇用が増加する可能性があるということになる．しかし，工程間分業の進展に伴って，国内に残された事業がより資本集約的なものに限定されるのであれば，必ずしも海外直接投資によって雇用も増加するとはいえない．よって，海外直接投資が企業の従業者総数に及ぼす影響は，実証的な問題といえる．

　このトピックについても初期の研究の多くはマクロレベル，あるいは集計レベルのデータを用いた研究が多かったが，産業が同じであっても海外進出する企業とそうでない企業が併存していることが知られるようになってからは，企業レベルのマイクロ・データを用いるのが常識となりつつある．海外直接投資が国内の雇用に及ぼす影響を，企業レベル・データを用いて分析した代表的な研究としては，米国の企業レベル・データを用いた Harisson and McMillan（2011）を挙げることができる．彼女たちの分析では，企業のグローバルな生産関数を想定し，そこから導出される労働需要関数を推定している．投資目的や投資先の違いを考慮するため，企業の海外生産活動は高所得国と低所得国に分けて比較が行われており，さらに垂直分業か否かの交差項を加えた分析を行っている．分析結果からは，海外生産と国内雇用は，国内と海外で同じ工程を担っているときは代替的であるが，国際分業が行われているときには補完的な関係になることを示している．さらに，米国における国内雇用減少の海外直接投資以外の要因に注目すると，資本ストックとの代替による効果や海外からの輸入財増加の影響のほうが，海外生産による代替効果よりも大きいと指摘している．日本についても，ほぼ同じ枠組みで

Kambayashi and Kiyota（2014）が分析を行っている．このほか，日本の研究では，Yamashita and Fukao（2010）が，海外直接投資と国内雇用の関係を分析しているが，海外における生産規模の拡大は，必ずしも国内の雇用の減少をもたらすものではないことを示している．

　海外直接投資が雇用に及ぼす影響は，雇用の総量のみならず，雇用者の構成にも影響するかもしれない．海外直接投資により，労働集約的な部門が海外に移転すると，国内ではより高度な技術を伴う製品に特化する可能性があり，それに伴い，より質の高い雇用者の需要が増えるかもしれない．この点については，Head and Ries（2002），および，Hayakawa et al.（2013）によって分析が行われている．Head and Ries（2002）は，日本の上場企業の財務データを用いて，低所得国での海外生産を増加させた企業で非生産部門の賃金シェアが上昇していることを示した．また，Hayakawa et al.（2013）では，海外直接投資が本社部門，および製造部門の雇用者数，および賃金に及ぼす影響を分析しており，途上国向けの直接投資であれ，先進国向けの直接投資であれ，雇用者数そのものへの影響は小さいが，より高技能を持つ労働者の需要が増加していると指摘している．

　ここまで企業レベルの研究を紹介してきたが，海外直接投資が国内雇用に及ぼす影響を語る上では，大企業の海外進出が，中小の下請企業の雇用に及ぼす影響も無視できない．むしろ完成品を生産する大企業は，生産拠点を自由に選ぶことができるのに対して，下請けの中小企業の中には，容易に生産拠点を移転させることが難しく，大規模の海外移転によって受注量が減少し，雇用を減少させる企業も少なくないであろう．こうした効果を分析する上では，むしろ産業別のデータを用いた分析のほうが有用である．深尾・袁（2003）は，海外事業活動基本調査（経済産業省）を独自に集計した産業別データを用いて分析を行っている．彼らの分析では，個票データを再編加工し，海外直接投資を「国内生産代替型」と「現地市場獲得型」に分類して，その国内雇用への影響を分析している．彼らの推計によると，1990年代を通じて「国内生産代替型」の直接投資が増加したことにより58万人の雇用機会が失われていることを指摘している．一方で，「現地市場獲得型」の直接投資は，日本からの輸出を促す効果を持ち，国内雇用を創出することで，「国内生産

代替型」直接投資による雇用の減少をかなりの程度相殺していると報告している．さらに，最近では企業の取引関係の情報を用いた分析も出てきている．Ito and Tanaka (2014) は，経済産業省「企業活動基本調査」と「海外事業活動基本調査」に加えて，帝国データバンクの主要販売先企業情報をリンクさせたデータベースを構築し，取引先企業の海外移転がそのサプライヤーの売上や雇用に及ぼす影響について分析している．たとえば，電機メーカーが海外に移転すると，そのサプライヤーである部品メーカーは取引相手を失い売上や雇用を減少させるかもしれない．Ito and Tanaka (2014) は，企業間取引関係のデータを用いることにより，この点を定量的に分析している．分析の結果，取引先が海外移転すると，そのサプライヤーは雇用を増加させると結論付けている．この理由については，海外直接投資と輸出の補完性の議論を踏まえると，海外進出企業のサプライヤーは，国内の従来の取引企業のみならず，海外進出企業の現地法人にも出荷を開始するため，海外進出企業の生産が拡大すれば国内のサプライヤーの生産も拡大し，その結果，雇用も増加している可能性があると考えられる．

5.4　投資国への影響：企業データによる生産性に関する研究

　海外直接投資が国内の生産性に及ぼす影響については，単純に，海外直接投資を行っている企業と，そうでない企業で生産性を比較するだけでは十分でないことが知られている[18]．なぜなら，海外直接投資を行うためには，一定の固定費がかかるため，「海外直接投資を行う企業は比較的生産性が高い企業が多い」という，生産性から海外直接投資という逆の因果関係をコントロールする必要があるからである．この海外直接投資を行う企業とそうでない企業の生産性格差については，第4章でみたように Melitz (2003) や Helpman et al. (2004) による企業の異質性を考慮した理論の発展とともに注目されるようになっている．こうした逆の因果関係を考慮するために，近年の研

---

[18] 企業の海外進出が国内の生産性に及ぼす研究は，輸出開始の影響に関する研究が先行している．企業の輸出開始が国内の生産性改善に及ぼす影響については，本章の補論を参照されたい．

第5章　海外直接投資が投資国・被投資国の経済に及ぼす影響

究ではSystem GMMやPropensity Score Matching法[19]を用いて，海外直接投資が企業の生産性に及ぼす影響についての分析が行われている．たとえば，イタリアを対象としたNavaretti and Castellani (2004) は海外直接投資を行った企業が国内の生産性を改善させていることを報告している．また，最近の研究では，先進国向けの直接投資を水平的直接投資 (HFDI)，途上国直接投資を垂直的直接投資 (VFDI) と定義して，その影響を比較する分析が行われている．具体的には，イタリア企業とフランス企業を比較したNavaretti et al. (2010)，フランス企業のデータを用いたHijzen et al. (2011) では，先進国向けの直接投資は企業の生産性を改善させると報告している．ただし，日本の企業データを用いたHayakawa et al. (2013) では途上国向けの直接投資が生産性を改善させると指摘しており，企業レベル・データの分析では，HFDIとVFDIの影響は国によって異なっているが，その理由については良くわかっていない．

　水平的直接投資が主流である先進国向けの直接投資でも，技術の獲得という意味で自国にメリットがあると指摘する研究もある．Branstetter (2006) は，特許情報における特許の引用数のデータを用いて，直接投資に伴って技術フローが変化しているかどうかを分析している．具体的には，1980年代，1990年代に米国に進出した日本企業の技術フローに注目しているが，直接投資に伴い，日米間の技術フローは増加するが，米国の拠点がR&D施設を持つとき，米国から日本への技術フローの増加が有意になることを示している．Branstetter (2006) の研究では，生産性への影響までは分析されていないが，直接投資の自国の経済に及ぼす影響を考える際には重要な視点を示しているものといえる．

　最後に，海外進出企業がマクロレベルの生産性変動に及ぼす影響についても考えておきたい．1990年代以降の日本では生産性の低迷が続いており，景気回復の障害となっていることが，しばしば指摘されている．Nishimura et al. (2004) などでは，この原因のひとつとして，市場の淘汰メカニズムの機能不全，すなわち，生産性の高い工場の撤退と生産性の低い工場の滞留の

---

[19] Propensity Score Matching法については本章の補論2を参照されたい．

問題を指摘している．後者については，銀行による追い貸しの問題が指摘されているが，前者については，海外直接投資に伴う工場閉鎖の影響が指摘されている．海外進出企業は，企業内で生産性の低い工場を閉鎖して海外に生産を移管すると考えられるが，海外進出企業の所有する工場は，産業内でみると比較的生産性が高いので，比較的生産性の高い工場が閉鎖されることになる．Kneller et al.（2012）は，日本の工場レベルのデータを用いて分析を試みており，海外進出企業は確かに比較的生産性の高い工場を閉鎖しているものの，マクロ的なインパクトはさほど大きくないとの指摘を行っている．

5.5　被投資国の経済成長への影響

　海外直接投資が被投資国の経済成長に及ぼす影響については，古くから膨大な研究の蓄積がある．その多くは，マクロ・データを用いて，以下のようなクロスセクション，あるいはパネルデータによる回帰式を推定するものであった．

$\Delta y_i = \alpha + \beta FDI_i + \gamma FDI_i * Z_i + \lambda X_i + \varepsilon_i$

$\Delta y_{it} = \alpha_i + \delta y_{it} + \beta FDI_{it} + \gamma FDI_{it} * Z_{it} + \lambda X_{it} + \varepsilon_{it}$

ここで y は，GDP，あるいは，一人当たり GDP，もしくは労働生産性，TFP であり，FDI は海外直接投資の流入額である．Z はアブソープション・キャパシティとよばれる，被投資国の海外直接投資を受け入れる経済環境を示す変数であり，たとえば人的資本蓄積度合と FDI の交差項を導入することで，人的資本の蓄積が FDI による成長率押し上げ効果を補完しうるかどうかを分析できる．X は，その他の説明変数である．1990年代後半から2000年代にかけての主要な研究成果は，表5.1にまとめられている．Balasubramanyam et al.（1996）や Baldwin et al.（2005）では，海外直接投資は経済成長率を押し上げるとの結果を導いているが，その後の研究では，その影響は受入国の経済環境に依存すると指摘する研究も増加している．たとえば，Borensztein et al.（1998）や Alfaro et al.（2004），Durham（2004）では，海外直接投資フローそのものは有意ではないが，Z との交差項が有意であることから，人的資本の

第5章　海外直接投資が投資国・被投資国の経済に及ぼす影響

表5.1　直接投資が被投資国の経済成長に及ぼす影響

著者	対象国	直接投資の影響	アブソープション・キャパシティ	データセット	推計方法	FDIの内生性
Balasubramanyam et al. (1996)	途上国	プラスで有意	なし	クロスセクション	OLS	×
Baldwin et al. (2005)	先進国	プラスで有意	なし	国別産業別クロスセクション	OLS	×
Borensztein et al. (1998)	途上国	有意性なし	人的資本の交差項がプラスで有意	パネルデータ	Seemingly Unrelated Regression	×
Alfaro et al. (2004)	先進国+途上国	有意性なし	金融市場(現金・預金・債券)の成熟度の交差項がプラスで有意	クロスセクション	OLS&IV	○
Durham (2004)	先進国+途上国	有意性なし	金融(株式)市場の成熟度の交差項がプラスで有意	クロスセクション	OLS	×
Li and Liu (2005)	先進国+途上国	プラスで有意	アメリカとの所得ギャップとの交差項が負で有意	パネルデータ	3SLS	○
De Mello and Luiz (1999)	先進国+途上国	プラスで有意	なし	パネルデータ	IV・固定効果モデル	○

蓄積が進んでいる，あるいは金融制度が充実している国では，海外直接投資は経済成長に正の影響を及ぼすとの指摘が行われている．

しかし，多くの既存研究ではマクロレベルの変数による単純な回帰分析が行われているが，さまざまな問題点も指摘されている．たとえば，経済成長が見込まれる国に投資が行われる傾向にあるとすれば，経済成長率と海外直接投資には逆の因果関係があるので，操作変数法などによる対処が必要となるといった推計手法上の問題がある[20]．また，途上国のみで推計するか，先進国も含む全世界・各国のデータを用いるかによって，結果が異なっており，全体的には，あまり明確な結論は得られていないのが現実である．さらには，海外直接投資が経済成長率に影響を及ぼしているとの結果を得たとしても，マクロ・産業別レベルの分析では，どのような経路で経済成長率が向上しているのかが明らかでない（Navaratti and Venables, 2004）ため，近年では，企業レベル・工場レベルのマイクロ・データを用いて，海外直接投資の流入がもたらす影響について，より精緻な分析が行われるようになってきている．

---

[20] Alfaro et al.（2004），Li and Liu（2005）や De Mello and Luiz（1999）などでは海外直接投資の内生性に対処するために三段階最小二乗法や操作変数固定効果モデルなどによる推計も行われている．

5.6　被投資国への影響：マイクロ・データによる実証分析[21]

　海外直接投資による多国籍企業の進出が現地企業の生産性に対して与える効果を，直接投資のスピルオーバー効果と呼ぶ．スピルオーバー効果には，産業内スピルオーバー効果と産業間スピルオーバー効果があるが，前者は同一産業に外資系企業が参入した際に現地企業が受け取るスピルオーバー効果，後者は異なった産業（投入・産出関係を有する産業）に属する現地企業の生産性に影響を与える効果を指す．外資系企業の参入により現地企業に技術のスピルオーバーが発生するメカニズムとして考えられているものには，さまざまな経路が考えられているが，主なものとしては，模倣，技術流出・指導，競争激化の3つがある．模倣は，現地企業が外資系企業の製品や技術を真似ることで生産性を上昇させるという経路，技術流出・指導は，外資系企業で雇われた現地人労働者が現地企業に転職することなどを通じて，外資系企業の技術が直接伝播する経路である．また，外資系企業の調達要求に合わせて直接的に技術指導を受け，技術のスピルオーバーが起こる場合もある．競争激化は，相対的に技術の優れた外資系企業が進出してくることで，国内の競争が激化し，資源の効率的利用が迫られ，その結果として生産性が上昇する経路である．

　多国籍企業参入のスピルオーバー効果は，通常は企業・事業所レベルのパネルデータを用いて，以下のような回帰式を推計することで分析が行われている．

$$y_{it} = \alpha + \beta MNE_t + \gamma X_{it} + \mu_i + \varepsilon_{it}$$

ここで y_{it} は生産性などの企業のパフォーマンス指標，MNE_t は各産業や地域における多国籍企業のプレゼンスを示す指標，X_{it} はその他の企業属性，μ_i は企業固定効果を示す．この β の係数がプラスであれば正のスピルオーバーがあると見做す．ただし，初期の素朴な研究では，外資系企業によるスピルオー

---

[21] 本節では，Gorg and Greenaway（2004），Crespo and Fontoura（2007），戸堂（2008）を参考にしている．

バー効果が検出できていないと結論付ける研究も少なくなかった．たとえば，台湾を対象としたChuan and Lin（1999）は，正に有意なβの係数を得たと結論付けているが，モロッコを対象としたHaddad and Harrison（1993）やウルグアイを対象としたKokko et al.（1996）では，頑健的な結果を得ることができなかったと報告している[22]．そればかりか，ベネズエラを対象としたAitken and Harrison（1999）では，βが負で，かつ有意になったと報告している．Gorg and Greenaway（2004）のTable 2ではスピルオーバー効果を検証した多くの先行研究の結果がまとめられているが，その表からもほとんどの研究で頑健な正の効果を検出できていないことがわかる．βが負で，かつ有意になる，つまり負のスピルオーバーが発生する原因の一つとして，外資系企業の参入による企業間競争の激化があげられる．現地企業より生産性の高い外資系企業が参入すると，生産性の低い現地企業の生産量が減少し，現地企業の規模の経済性が失われて，ますます生産性が低下する可能性が指摘されている（Aitken and Harrison, 1999）．先に，外資系企業の参入による競争の激化が現地企業に対して資源の有効活用を迫り，生産性に対して正の効果をもたらすという経路を取り上げたが，競争激化はこのように負の効果も併せ持つ．したがって，この負の効果が十分に大きいと，全体として有意ではない，もしくは負で有意なスピルオーバー効果が現れると考えられる．

　なぜスピルオーバー効果の結果にバラツキがみられるのだろうか．最近の研究では，参入してきた外資系企業のタイプの違い，そして，現地企業の中にもスピルオーバーを享受できる企業とそうでない企業がいるという点が重視されるようになってきている．まず，外資系企業をタイプ分けする研究を紹介しよう．インドネシア企業データを用いたTodo and Miyamoto（2002, 2006）は，人的資源開発や研究開発活動を行っている外資系企業の活動は現地企業の生産性に正の効果を与えているが，そうでない外資系企業の活動は有意に正の効果を与えていないこと明らかにした．また，外資系企業の出身母国による違いについて注目した研究として，インドを対象としたBanga

---

[22] ただし，Chuan and Lin（1999）と同様に，Haddad and Harrison（1993）においても，生産性の水準に対しては有意に正の影響を検出している．またKokko et al.（1996）も全サンプルでは有意に正の影響を検出している．

(2003), 英国の電気機械製造業を対象とした Girma and Wakelin (2007), スウェーデンの製造業企業を対象とした Karpaty and Lundberg (2004) などがある. このうち, Banga (2003) では, インドを分析対象として, アメリカ系企業に比べ日系企業によるスピルオーバー効果が大きいことを示した. この理由として, 日系企業はアメリカ系企業に比べ, 現地で汎用的な技術を用いるため, 現地地場系企業の技術水準に近く, 模倣・学習しやすい点を挙げている. 最後に, 外資系企業の輸出パターンに注目する研究として, 英国を対象とした Girma (2005), Girma et al. (2008) があげられる. 特に Girma et al. (2008) は, 直接投資を「輸出目的 (export-oriented)」のものと「現地市場目的 (market-oriented)」のものに分けてスピルオーバー効果を検証した. 結果として, 輸出目的の外資系企業は, 負の競争効果が弱いため全体として正の産業内スピルオーバー効果を有するが, 地場系企業との取引が少ないことから産業間スピルオーバー効果を持たず, 現地市場目的の外資系企業は, 地場系企業との取引を持つことから産業間スピルオーバー効果を持つが, 負の競争効果を有するため全体として正の産業内スピルオーバー効果を持たないことを示した.

次に, 現地企業の異質性に注目してスピルオーバー効果を分析した研究を紹介しよう. ここでは主に3つの異質性が検証されている. 第一の異質性は, 現地企業の技術吸収力であり[23], Kokko et al. (1996), 英国を対象とした Girma (2005), Girma et al. (2001), チェコを対象とした Kinoshita (2001) などで検証されている. たとえば Kinoshita (2001) は, 研究開発活動集約的な地場系企業ほど, スピルオーバー効果を享受していることを示した. 第二の異質性は, 地域間の企業の異質性であり, Sjoholm (1999), Aitken and Harrison (1999), Girma and Wakelin (2002), Halpern and Murakozy (2007) などにより検証されている. これは, 外資系企業が参入したとしても, その影響を受ける現地企業は地理的に局所的なものであるので, 外資系企業が多く存在する地域の近

---

[23] 輸出をしているか否か, 企業規模が大きいか小さいか, 研究開発を行っているか否かによって受けるスピルオーバー効果が異なるという異質性も指摘されている. 広く解釈するとこれらは技術の代理変数としてみなすことも可能であるため, 本章では, 輸出経験や企業規模による異質性は「技術吸収力の異質性」に含まれるとする.

第5章　海外直接投資が投資国・被投資国の経済に及ぼす影響

くに立地している現地企業のみがスピルオーバー効果を享受できるという地理的異質性である．第三に，取引関係の異質性である．外資系企業との取引を通じた技術指導などがスピルオーバー効果を発生させる経路の一つであるとすると，外資系企業参入によるメリットを享受できるのは外資系企業と取引する可能性のある企業のみであると考えられる．実際には，取引関係を把握できるデータの利用は困難なので，多くの既存研究では外資系企業が参入した産業と投入・産出関係を持つ産業に属する現地企業で，より多くのスピルオーバー効果を享受できるか否かを検証する研究が行われている．たとえば，リトアニアを対象とした Javorcik（2004），インドネシアを対象とした Blalock and Gertler（2008），英国を対象とした Driffield et al.（2002），Harris and Robinson（2004），Girma et al.（2002）らが分析を行っているが，これらの研究では「外資系企業が多く存在する産業と密接な投入・産出関係を持つ産業」に属する地場系企業ほど，正のスピルオーバー効果を得ていることが確認されている．

5.7　まとめ：海外直接投資の影響に関する研究

本節では，海外直接投資が投資国，あるいは被投資国の経済に及ぼす影響についての分析を紹介してきた．いずれのトピックについても，企業レベル，あるいは工場レベルのデータを用いた詳細な分析が行われるようになってきている．さらに，近年では，因果関係を特定するため，Propensity Score Matching 法や操作変数法などを用いた分析が主流となっており，分析手法の精緻化が図られてきている．ただし，既存の分析手法の技術的な制約の問題もあり，多くの研究は，海外直接投資が行われる前後数年の変化を対処とした分析が多い．たとえば，輸出と直接投資の間には補完的な関係があることが指摘されているが，こうした関係は長期的にも安定的なのかどうかはあまり分析されていない．また，海外直接投資が国内の雇用に及ぼす影響についても，今のところマイナスの影響は検出されないとされているが，多くの研究では Propensity Score Matching 法が用いられており，海外直接投資の前後 2～3 年のみが分析対象となっている．第1節でみたとおり，わが国の海外直接投資の規模は年々拡大しており，こうした海外生産規模の拡大が国内経済

71

に及ぼす影響について分析していく必要があると考えられる．

また，日本企業で広くみられる工程間分業を伴う海外直接投資が生産性に及ぼす影響を明示的に考慮した分析も十分ではない．従来の研究では，途上国向けの直接投資を垂直的直接投資とみなす研究が多いが，途上国向けであっても現地市場向けの直接投資も行われていることから，工程間分業を伴う直接投資かどうかを識別した上で，直接投資が国内の生産性や雇用に及ぼす影響も分析していく必要がある．この点は，本書の第7章で検討する．

第5章・補論1　輸出が生産性に及ぼす影響

本節では，輸出が生産性に及ぼす影響についての研究を紹介する．前述のBernard and Jensen（1999）や，Kimura and Kiyota（2006）などでは，輸出ダミー，あるいは海外進出ダミーを用いて，その生産性成長率への影響が分析されてきた．ただし，これらの分析では同時性バイアスの存在については考慮されてこなかった．しかし，2000年代半ばごろより，同時性バイアスを考慮しても，なお輸出が生産性成長率に影響を及ぼすか否かを検証しようとする研究が増えてきている．たとえば，英国を対象としたGirma et al.（2004）やスロベニアを対象としたDe Loecker（2007）では，Propensity Score Matching法を用いて分析しており，その結果，輸出企業が国内企業に比べて，有意に生産性を改善させていることが示された．また，中国を対象としたPark et al.（2010）では，アジア通貨危機前後の為替レートの変動を操作変数として，輸出量の変動が生産性の変化に影響を及ぼしたかどうかを分析している．彼らの研究でも輸出の拡大は生産性の変化をもたらしていることを示している．日本のデータを用いた研究では，Ito and Lechevalier（2009）が，やはりPropensity Score Matching法を用いて，輸出が生産性に影響を及ぼしていることを確認している．

では，これらの研究で指摘される，輸出の拡大が生産性を拡大させるというメカニズムは理論的にどのように解釈できるのであろうか．この点に切り込んだのはMelitzモデルを拡張したBustos（2011）である．彼女の研究では，輸出企業の中には低質な技術（ローテク）を使う企業と高質な技術（ハイテク）を使う企業が併存することを仮定している．ハイテク輸出は，より費用

効率的であるが，この技術を導入するにはローテク輸出技術（f_{XL}）よりも大きな固定費（f_{XH}）がかかると想定する．一方，ローテク輸出は，ハイテク輸出ほど効率的ではないが，固定費は低いと考える（付図5.1.1）．

このときの企業の生産性分布と利益の関係を表したのが付図5.1.1である．生産性が最も高い企業はハイテクを採用して輸出し，生産性が中ぐらいの企業はローテクで輸出を行う．一方，生産性の低い企業は固定費を賄えないので，国内市場に留まることがわかる．

この設定の下で，輸出相手国が貿易障壁を撤廃すると，自国からの輸出が有利になり，ローテク輸出，ハイテク輸出によって得られる利潤が上昇し，利潤関数の傾きが急になる（付図5.1.2）．その結果，国内企業の中で比較的生産性の高い企業の中には，輸出を開始する企業が出てくる．さらに，ローテクの輸出企業の一部は，ハイテク輸出の固定費を払うことにより，より高い利潤が得られるようになる．付図5.1.1と付図5.1.2を比較すると，ハイテク輸出企業のシェアとローテク輸出企業のシェアが，貿易自由化後の付図5.1.2で大きくなっていることが確認できる．ローテク企業がハイテク輸出を開始するために支払う，追加的な固定費は，R&D投資等の技術開発投資と考えれば，企業は輸出による収益機会の拡大とともに技術開発投資を行い，費用効率性を高めるので，輸出の拡大と生産性の上昇が観察されると解釈できる．

Bustos（2011）では，このメカニズムを，アルゼンチンの企業データで検証している．アルゼンチンの主要貿易相手国であるブラジルの貿易自由化により，国内企業のうち比較的生産性の高い企業が輸出を開始していること，既存の輸出企業の多くが貿易自由化後に技術開発投資を活発に行っていることを指摘している．Bustos（2011）の研究では主に技術開発投資に焦点が当てられており，生産性の改善についてはデータの制約もあり，あまり議論が行われていない．この点については，同じ枠組みを米国とカナダの自由貿易協定（NAFTA）の成立前後のカナダ企業の輸出行動と生産性に注目して分析したのがLileeva and Trefler（2010）である．彼らは，貿易自由化に伴う関税率の変化によって，輸出のステイタス，輸出量，ならびに資本労働比率，労働生産性がどのように変化したかを分析しており，貿易自由化による海外市

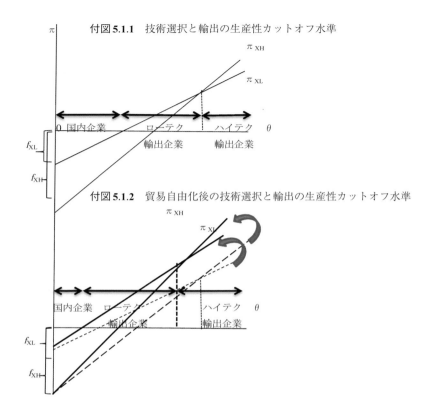

付図 5.1.1　技術選択と輸出の生産性カットオフ水準

付図 5.1.2　貿易自由化後の技術選択と輸出の生産性カットオフ水準

場アクセスの改善が投資収益率を改善させ，設備投資の拡大を促し，その結果，労働生産性が改善することが示されている．

第5章・補論2　Propensity Score Matching 法とは

　Propensity Score Matching（傾向スコア）法とは，生物学や疫学などの分野で開発された手法で，喫煙が健康状態に及ぼす影響など人体実験がきわめて困難な状況で因果関係を測定する手法として開発された．実際の推定方法は，かなり専門的な議論になるため，ここでは傾向スコア法の概要のみを簡

付図 5.2.1 マッチングのイメージ

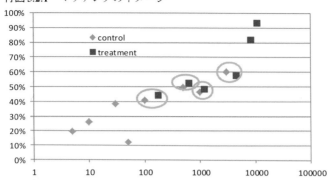

単に紹介する[24].

たとえば，高い技術力を持ち，成長力の高い企業は，海外で需要があるとみれば，積極的に輸出を行うと考えられる．このような状況下では，非輸出企業と輸出企業を比較すると，当然，輸出企業のほうが売上成長率や生産性成長率は高くなると考えられる．つまり，そもそも，属性の異なる企業を比較しているので，こうした単純な比較では，生産性が高いから輸出を行っているのか，輸出を行っているから生産性が上昇しているのか識別できないことになる．Propensity Score Matching 法では，以下のようなステップを踏んで分析を行う．第一段階として，輸出を行うか否かの意思決定について，さまざまな企業属性変数を説明変数とするロジット，あるいはプロビット・モデルを推計する．そして，第二段階では，この予測値（理論確率，これをPropensity Score と呼ぶ，以下 P と表記する）がおおよそ等しくなるような輸出企業と非輸出企業のペアを探す．このようにして抽出したペアの間で売上成長率や生産性成長率の差を計測することで，輸出企業・非輸出企業の間の属性の違いで生じるバイアスを調整することができることになる．

この一連の作業を図示したのが付図5.2.1である．縦軸は輸出確率の予測値，横軸は企業規模 (X) だとする．図から明らかなように，企業規模が大きくな

---

[24] より詳しくは黒澤（2005）などを参照されたい．

ると輸出確率は上がっていく．今，Treatmentは輸出企業，Controlは非輸出企業とすると，付図5.2.1より，輸出企業は規模の大きい企業が多く，非輸出企業には規模の小さい企業が多いことがわかる．もし，単純にTreatmentとControlの成果指標Y（生産性成長率）を比較すると，輸出企業・非輸出企業間の企業規模Xの違いもYの違いに含まれてしまう．そこで，○で囲った，参加確率が似通ったペアをピックアップし，このペアの間で生産性成長率に違いがあるかどうかを調べることでバイアスを調整しようというものである．

なお，ここまでの説明では，回帰分析とどう異なるのかという疑問を持たれるかもしれない．たとえば，$Y = a + bX + cD + u$（Y: 成果指標，X: 企業属性（企業規模），D: 輸出企業ダミー変数）のような回帰式を推定すれば，Xをコントロールできるではないかと思われるかもしれない．たしかに，回帰分析でもXのコントロールが可能だが，Dとuが相関する可能性があるときは係数にバイアスが生じる．Dに影響するがYには影響しない操作変数を導入すれば内生性バイアスを除去できるが，適当な操作変数が見つからない状況もしばしば見受けられる．さらには，回帰分析では，関数形を特定化するため，関数形の特定化の誤りによっても推計バイアスが生じる可能性がある．Propensity Score Matching法は，こうした問題を回避できる手法といえる．

第6章

東アジアにおける貿易自由化と日本企業の垂直的直接投資

6.1　はじめに

　近年，海外直接投資（FDI）は世界的な規模で拡大している．とりわけ，増加しているのは先進国から途上国への海外直接投資である．たとえば，Navaretti and Venables（2004）によると，先進国から途上国へのFDIは1988～1993年では全世界の直接投資フローの24.6％であったが，1992～1997年の途上国向けFDIのシェアは40％にまで増加している．途上国へのFDIは，ホスト国の安価で豊富な労働力を活用することを目的として投資が行われることが多く，しばしば自国とホスト国の間で生産工程間分業が行われている．こうした途上国向けのFDIは，ホスト国の経済成長にも重要な役割を果たしているといわれている．日本の場合は，1990年代，2000年代に，東アジア向けのFDIが活発に行われている．

　国際的な工程間分業は，近年，理論研究を中心に様々な研究が行われてきており（たとえば，Jones and Kierzkowski, 1990），フラグメンテーションや海外アウトソーシング，垂直分業などと呼ばれることもある．フラグメンテーションとは，同一企業内の最終財に至るまでの生産工程を複数の段階に分解することを指すが，その一部が海外に移転されることを国際フラグメンテーションと呼ぶ．国際的フラグメンテーションは垂直的直接投資と呼ばれることもある．これまでの理論研究では，貿易コストが低下し，国際分業のコストが低下すると，生産工程の一部が海外に移転されると指摘している．たとえば，先進国に立地する多国籍企業は，労働集約的な生産工程，たとえば製品組み立てなどの工ほどを労働コストの低く，労働集約的産業に比較優位を持つ途上国に移転させることがある．近年，貿易自由化が世界規模で進んで

おり，特に途上国においては1990年以降飛躍的に深化してきている．こうした貿易自由化の進展は，企業の工程間分業を伴う海外直接投資の拡大を促しているといえる．

しかし，国際的な工程間分業に関する伝統的な理論研究は，同一産業内の企業の異質性を考慮していない．同一産業内の企業の異質性を考慮した海外直接投資の研究は，第4章でみたとおり，Helpman et al. (2004) や，Chen and Moore (2010) などによって行われているが，いずれも水平的な直接投資を前提としている．具体的には，海外生産拠点を設けるためには固定費がかかると仮定すると，同一産業内の企業であっても，海外に生産拠点を設け，正の利潤を得られる企業は，ある一定水準以上の生産性を持つ企業に限定される．これらの研究では，水平的直接投資が前提とされており，貿易障壁を乗り越えるための直接投資として定義されている．そのため貿易コストが低下すると輸出が有利になるので，現地生産よりも輸出を選択することが示唆される．ところが，この結果は，近年アジアでみられる，貿易自由化の進展と中堅・小企業の海外進出の増加傾向とは矛盾する．

そこで本章では，Helpman et al. (2004) のモデルを拡張し，垂直的分業を考慮した直接投資，すなわち垂直的直接投資を考慮した企業の異質性と海外直接投資のモデルを構築し，貿易自由化と企業の海外進出の関係を理論的に整理する．さらに，日本のアジア向け，具体的には中国，タイ，マレーシア，フィリピン，インドネシア向け海外直接投資に関する企業レベル・データを用いて，上記の理論モデルの検証を行う．推定にあたっては，各国への現地法人の新設の有無を従属変数とする離散選択モデルの推定を行っている．また，海外現地法人の属性情報を利用することで，各企業の投資を水平的直接投資と垂直的直接投資に分類し，海外進出と進出形態の同時選択を考慮した多項ロジット・モデルの推計も行っている．独立変数としては，産業別関税率の低下幅と生産性の交差項を導入することで，貿易自由化によって海外進出に求められる生産性のカットオフ水準の低下がみられるかどうかを分析している．近年，途上国，取り分け東アジア諸国では貿易自由化が進められているので，本研究の分析結果は，貿易自由化の進展が垂直的直接投資企業の増加を促していると示唆するものである．

第6章　東アジアにおける貿易自由化と日本企業の垂直的直接投資

　本章の理論的枠組みは，企業の異質性と企業の海外進出行動をモデル化したHelpman et al. (2004)，これを拡張したGrossman et al. (2006)，Aw and Lee (2008)，Yeaple (2009)，Chen and Moore (2010)，Hyun and Hur (2013)，Hayakawa and Matsuura (2011) に依拠している．このうち，Grossman et al. (2006) は，企業異質性を考慮したうえで，様々な国際分業パターンを考慮した海外直接投資の意思決定を分析している．Aw and Lee (2008) は，中所得国の水平的直接投資を対象に，高所得国への投資と低所得国への投資における意思決定を分析している．実証分析では，台湾企業のデータを用いて米国向け直接投資を高所得国への投資，中国向けの直接投資を低所得国への投資として分析を行っている．理論モデルからは，国内企業，中国進出企業，米国進出企業という順で生産性が高くなることを示し，企業データを用いて理論モデルの妥当性を確認している．Yeaple (2009) とChen and Moore (2010) は，それぞれ米国とフランスの企業データを用いて，生産性カットオフ水準と投資国の属性を分析している．たとえば，生産性カットオフ水準は市場規模の大きい国ほど低いといった点を指摘している．また，近年，Hyun and Hur (2013) は，韓国の企業レベル・データを用いて，生産性カットオフと直接投資のタイプ，すなわち垂直的・水平的直接投資の選択について分析している[25]．Hayakawa and Matsuura (2011) は，本研究と理論モデルを共有するという意味で，関連が深い研究であり，彼らの研究では，2カ国，あるいは3カ国の間で国際分業を行う多国籍企業を分析している．実証分析では，空間計量経済学モデルを用いて，複数の現地法人を持つ多国籍企業は，それぞれ現地法人の生産規模の間に相関が生じることを示した．本研究では，Hayakawa and Matsuura (2011) の枠組みを単純化したシンプルな理論モデルを提示し，垂直的直接投資において，関税率の低下が生産性のカットオフ水準に及ぼす影響について分析している．

　本章の構成は以下のとおりである．まず，6.2節ではHayakawa and Matsu-

---

[25] Hyun and Hur (2013) は，本研究と同じく垂直的直接投資と企業の異質性について考察した研究であるが，彼らの研究では自国と外国の非熟練労働者の賃金格差のみに注目している．本研究では，賃金格差とともに貿易コストの変化に注目している点で彼らの研究とは異なる．

ura(2011)に基づく簡単な理論的枠組みを示し,6.3節では実証分析の枠組み,6.4節では分析結果,6.5節で結論を述べる.

6.2 理論的枠組み

本節では垂直的直接投資と企業の異質性に関する理論的な枠組みを示す.ここでは,生産工程が,技能集約的な中間財部門と単純労働集約的な最終財生産部門から構成される企業を考える.なお,本節の理論的枠組みでは,一般均衡的な枠組みを提示するのではなく,部分均衡の枠組みで垂直的直接投資の決定要因を提示するものである.

1) 理論的設定

ここでは,自国と外国(被投資国),そして消費地である第三国の3つの国・地域が存在すると仮定する.また,最終財は差別化されており,単純化のため,第三国のみで消費,自国あるいは外国から輸送費無しで出荷できると仮定する[26].

第三国の消費者は,代替の弾力性一定のCES型効用関数を持つと仮定すると,以下の需要関数を導出できる.

$$x(k) = A p(k)^{-\varepsilon},$$

ここで,$x(k), p(k)$ は,k 財に対する需要,価格であり,ε は代替の弾力性であり,1より大きいと仮定する[27].A は需要サイズであり,Y と P を総所得と価格指数とするとき,$A \equiv P^{1-\varepsilon}Y$ と定義される.

---

[26] このモデルは,自国を日本,外国を東アジア諸国,第三国を欧米諸国と考えると理解しやすいだろう.実際,1990年代の東アジアから輸出された最終財の8割は北米向けであったことが知られている(Kimura et al., 2007).第三国輸出への貿易コストがゼロであるという仮定は非現実的であるが,仮に貿易コストを導入したとしても,自国からの貿易コストと外国からの貿易コストが等しければ,結論に影響はない.今回の実証分析では日本企業の東アジア向け直接投資を対象とするため,日本と東アジア諸国から欧米への貿易コストが等しいという仮定は,それほど非現実的なものではないと考えられる.

[27] これ以降標記の単純化のため財の種類 k は省略する.

第6章　東アジアにおける貿易自由化と日本企業の垂直的直接投資

　最終財の市場構造は独占的競争市場であり，単純化のため企業は本社を自国にしか立地できないと仮定する．また，企業の効率性aは同一企業内でも異なっていると仮定する．前にも述べた通り，生産工程は単純化のため，レオンチェフ・タイプの生産構造であると考え，第一工程はa単位の技能労働者を用いる中間財工程であり，第二工程はa単位の第一工程の中間財とa単位の単純労働者を用いて組み立てを行うと仮定する[28]．単純労働者と技能労働者の要素価格はそれぞれwとrで表されるものとする．

　単純化のため，自国と被投資国の要素価格の間には，$w_1 \geq w_2$の関係がある，すなわち被投資国のほうが単純労働豊富国で，その要素価格は自国より低いと仮定する．この仮定は，被投資国が最終財工程に比較優位を持つことを意味する．自国と被投資国の間で貿易を行う際には氷塊型の貿易コストtがかかるとする．また，両生産工程を自国に置く場合，固定費は生じない一方で，一部の生産工程を海外に移転させる場合には固定費fがかかると仮定する．

　ここで，c_Dとc_Vをそれぞれ国内生産企業と垂直的直接投資の総費用とする．このとき，c_Dとc_Vは以下のように与えられる．

$$c_D = (r_1 a + w_1 a)\, x,$$

$$c_V = (t r_1 a + w_2 a)\, x + f.$$

企業の利潤最大化行動から，価格は$p = \varepsilon c_x / (\varepsilon - 1)$，ここで$c_x = dc/dx$であり，利潤関数は，

$$\pi_D = (r_1 + w_1)^{1-\varepsilon} \Theta$$

$$\pi_V = (t r_1 + w_2)^{1-\varepsilon} \Theta - f,$$

で与えられる．なお，ここで$\Theta \equiv A\varepsilon^{-\varepsilon}(\varepsilon - 1)^{\varepsilon - 1} a^{1-\varepsilon}$である．$\varepsilon > 1$であり，ま

---

[28] ここでの理論的枠組みは，生産工程間で投入係数aが異なっていても結論は質的には異ならないことを確認している．

た効率的な企業ほどaは小さいので，生産性の高い企業ほどΘは大きくなる．よって，ここではΘを生産性指標と呼ぶ．

2） 国内生産と垂直的直接投資

本小節では，企業がどのようなときに国内生産と垂直的直接投資を選択するのかを検討する．もし，工程間分業によって得られる利潤より国内生産の利潤のほうが小さいとき，すなわち，$\pi_D > \pi_V$のとき企業は国内に留まると考えられる．本研究では，自国生産か垂直的直接投資の二者択一の議論に絞るために，$(1-t)r_1 + w_1 - w_2 > 0$であると仮定する．次に，利益水準をΘの関数として考えると，π_Vの傾きはπ_Dの傾きよりも急になっていると考えられる．また，海外生産の際には固定費fが必要となるため，利潤関数は図6.1のように表される．図6.1より，生産性の高い企業は垂直的直接投資を選択し，生産性の低い企業は自国生産を選択することが示される．

この設定の下では，貿易コストの低下，あるいは被投資国における単純労働者の賃金が低下すると，垂直的直接投資企業の利潤を増加させ，垂直的直接投資の生産性カットオフ水準は低下する．さらに，この図から，生産性が高い

図6.1　企業の生産パターンと生産性

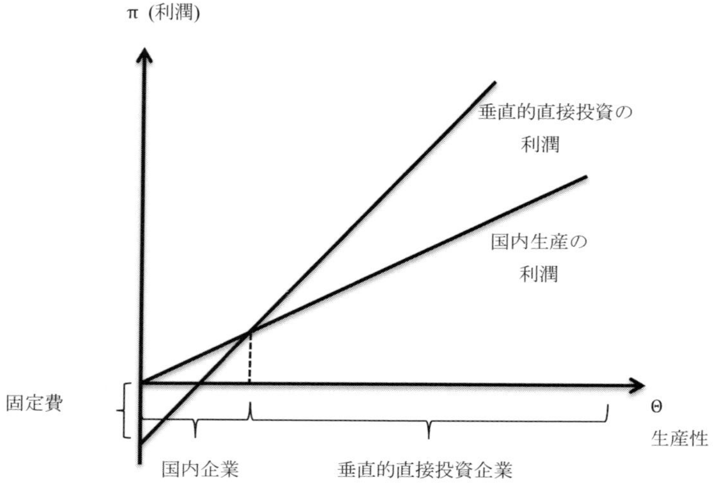

第6章　東アジアにおける貿易自由化と日本企業の垂直的直接投資

企業はすでに海外に進出しているので，貿易コストの低下により新たに海外生産を開始する企業は，生産性分布の中央に位置する企業であることがわかる．

6.3 実証分析の枠組みとデータ

本節では，日本の海外直接投資の動向を概観し，実証分析の枠組み，本研究で利用するデータの出所を紹介する．

1) 日本企業の海外直接投資の概観

本節では，日本企業の海外直接投資の動向を，海外事業活動基本調査（経済産業省，以下海事調査）のデータを用いて紹介する．海事調査は，日本企業の海外現地法人の活動状況を調べるための調査であり，設立年次や従業者数，費用構造，研究開発費，販売先別の売上高，調達元別の仕入額などを調査している．

表6.1は，1995年から2003年における，地域別年次別にみた新規海外進出企業の投資先を示している．新規海外進出企業数は1995年が最大であり2003年にかけて減少していることがわかる．投資先については，新規海外進出企業1,212社のうち，北米と欧州向け進出企業が，それぞれ109社と189社である一方で，アジア[29]に進出した企業は856社となっている．

表6.1　日本企業の地域別新規海外投資

	北米	欧州	アジア	その他	合計
1995	19	38	248	13	318
1996	29	26	164	12	231
1997	17	26	119	9	171
1998	12	18	53	10	93
1999	10	17	45	4	76
2000	10	17	57	4	88
2001	6	21	85	3	115
2002	5	16	60	2	83
2003	1	10	25	1	37
Total	109	189	856	58	1,212

出所：企業活動基本調査，海外事業活動基本調査（ともに経済産業省）に基づき著者作成．

---

[29] 表6.1におけるアジアは，東アジア諸国のみならず，南アジア諸国も含む．北米は米国・カナダ，欧州は西欧諸国のみならず中東欧諸国を含む．

表6.2 輸出志向現地法人のシェア（2003年）

	北米	欧州	アジア
繊維	8%	61%	7%
化学	30%	41%	25%
一般機械	19%	49%	20%
電気機械	18%	47%	22%
情報通信機器	24%	55%	18%
輸送機器	23%	39%	29%
精密機器	19%	56%	11%
その他製造業	21%	39%	36%

出所：海外事業活動基本調査（経済産業省）に基づき著者作成．

　表6.2は，輸出目的の海外現地法人の地域・業種分布を示している．輸出目的の現地法人は，現地法人の輸出比率が，全海外現地法人の平均輸出比率よりも高い現地法人として定義している．輸出目的の海外現地法人は，垂直的直接投資の代理指標と考えることができる[30]．というのは，水平的直接投資は輸出の代わりに現地生産を行うものであり，現地販売を目的としているのに対して，垂直的直接投資は輸出目的の直接投資だからである．表6.2からは，以下の二つの事実を指摘できる．第一に，在アジア海外現地法人の多くは輸出目的の現地法人であると分類されることがわかる．たとえば，電気機械製造業では，在北米と在欧州海外現地法人のうち，輸出目的の海外現地法人と分類されるのは，それぞれ24%，18%であるが，アジアでは47%にも達する．第二に，在アジア海外現地法人のうち，輸出目的の海外現地法人が50%を超えるのは，繊維，情報通信機器，精密機械などの産業である．これらの産業では，アジア諸国と日本の間で工程を分け，他地域向けに輸出を行う，工程間分業が行われていると考えられる．

　アジア諸国では1990年代から2000年代初頭にかけて貿易自由化が進展し

---

[30] 例えばFukao et al.（2003）は日米の海外現地法人の販売先を地域別に比較している．その結果，在欧州，あるいは在中南米の現地法人の現地販売比率は50～60%であるのに対して，在東アジアの現地法人では50%以下であったと指摘している．垂直的直接投資は，自国とホスト国の間の要素価格差を生かして工程間分業を行い，最終製品はホスト国以外の市場に輸出することを目的とした海外直接投資であるので，東アジア向けの直接投資は垂直的直接投資の資質を兼ね備えていると考えられる．

第6章　東アジアにおける貿易自由化と日本企業の垂直的直接投資

図6.2　国・地域別平均関税率

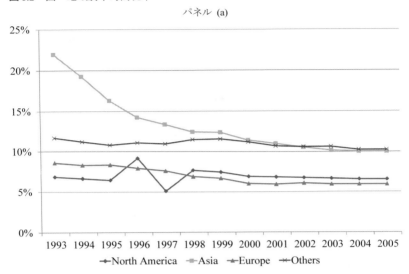

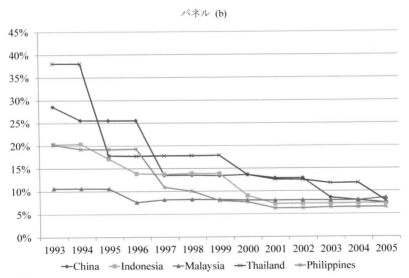

出所：The World Integrated Trade Solutions.

た．図6.2のパネル（a）と（b）は，世界銀行のWITSデータベースから取得した，各地域・各国の製造産品の平均関税率（単純平均）である．パネル（a）は，地域別の平均関税率である．アジア以外の地域では関税率はほとんど変化がみられないのに対して，アジアでは明確な低下傾向がみられる．パネル（b）はアジア諸国のうち，中国，タイ，マレーシア，フィリピン，インドネシアの5カ国に絞って関税率の傾向をみたものであるが，この5カ国では1990年代の後半，および2000年代初頭にかけて関税率の低下がみられることがわかる．

2） 推計モデル

本研究では，1995～2003年の日本企業のアジア（中国，タイ，マレーシア，フィリピン，インドネシア）向けの直接投資を対象に分析を行う．当該期間における，日本企業のこれらの国々への海外直接投資は，全投資先のうちの67.9%を占めており，主要な投資先といえる．また，表6.2でみたように，これらの地域への海外直接投資は輸出目的の海外直接投資であり，その多くが垂直的直接投資であると考えられる．また，図6.2でみたように，上記の国々では1990年代後半から2000年代初頭にかけて貿易自由化が進展し，関税率の低下がみられた．こうした関税率の低下は企業の意思決定に大きな影響を及ぼしたと考えられる．

まず，理論モデルから，企業の海外直接投資の意思決定は生産性水準の影響を受けると考えられる．低生産性企業は国内生産のみに従事する一方で，生産性の高い企業は海外生産を行う．このパターンを確認するため，まず単純な離散選択モデルを推計した．

$$\Delta FDI_{ijs} = \begin{cases} 1 & \text{if } \beta \Delta \tau_{js} + \mathbf{Z}_{ijs,1994}\gamma + u_{ijs} > 0 \\ 0 & \text{otherwise} \end{cases},$$

ここでΔFDI_{ijs}は産業sの企業iが1995～2003年の間にj国に対して新規に現地法人を設立させた場合，1をとるダミー変数である．$\Delta \tau_{js}$は，1995～2003年におけるj国の産業sにおける日本からの関税率の低下幅である．Zは生産性，国・産業ダミーを含む，他のコントロール変数である．これらのコン

図6.3 関税率の変化と生産性カットオフ水準の変化

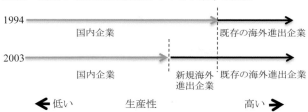

　トロール変数は1994年時点での水準を用いており，これは海外直接投資の意思決定と企業パフォーマンスの同時性の影響を避けるためである．前述のとおり，アジア諸国向けの海外直接投資の多くは垂直的直接投資であるとすれば，関税率の低下は日本の海外直接投資を促進するはずである．

　もう一つの理論的帰結は，貿易自由化の進展，すなわち関税率の低下は，海外直接投資を実施する際の生産性のカットオフ水準を低下させるというものである．生産性のカットオフ水準が低下すると，既存の海外進出企業よりも生産性の低い企業も海外直接投資を開始すると予測することができる．つまり，図6.3のように，既存の多国籍企業も含めて企業の生産性分布を描くと，生産性分布の右に既存の海外進出企業が集中する．そして，関税率の低下によって海外直接投資を開始する企業は，生産性分布の中央に位置する企業であると予想することができる．これは生産性の高い企業はすでに海外に進出しており，また生産性の低い企業は，多少関税率が低下しても生産性カットオフ水準を超えられないからである．

　この仮説を検証するために，本研究ではBustos（2011）の定式化を利用する．Bustos（2011）は，アルゼンチンの工場レベルのデータをもちいて，アルゼンチンの主要輸出国であるブラジルの関税率の低下が，輸出の生産性カットオフ水準の低下をもたらすかどうかを検証している．具体的には，本研究では以下のような推計式を用いた．

$$\Delta FDI_{ijs} = \begin{cases} 1 & \text{if } \sum_{r=1}^{4} \beta_r \Delta \tau_{js} Q_{ir} + \mathbf{Z}_{ijs,1994} \gamma + u_{ijs} > 0 \\ 0 & \text{otherwise} \end{cases}$$

ここで Q_r は1994年時点における生産性の四分位ダミーであり，企業 i が第 r 分位に属しているときに1をとる変数である[31]．生産性カットオフ水準の変化をみる方法として，生産性と関税率の変化の交差項を導入する方法も考えられるが，こうした連続変数では関税率の変化が一律に影響することを暗に仮定することになってしまい，これは本研究の仮説に適したものとはいえない．そのため，本研究では，確率四分位ダミーと関税率の交差項を導入し，生産性分布のどのあたりに位置する企業が関税率の変化に反応するかを分析している[32]．また，Chen and Moore (2010) で示されているように，海外直接投資における生産性カットオフ水準は被投資国における市場規模や賃金水準などの影響を受ける．こうした被投資国の市場属性におる生産性カットオフ水準の違いを考慮するために，国ダミーと生産性の交差項を導入する．

最後に，理論モデルの妥当性を確認するため，海外現地法人の属性データを用いて水平的直接投資と垂直的直接投資を識別して以下の多項ロジット（Multinomial Logit）モデルを推計した．

$$\mathrm{Prob}\left(I_{ijs}=k\ |\Delta\tau_{js}, Q_{ir}, \mathbf{Z}_{ijs,1994}\right)=\frac{\exp\left(\sum_k\sum_r\beta_{kr}\Delta\tau_{js}Q_{ir}+\mathbf{Z}_{kijs,1994}\gamma_k\right)}{\sum_{l=0}^{2}\exp\left(\sum_l\sum_r\beta_{lr}\Delta\tau_{js}Q_{ir}+\mathbf{Z}_{lijs,1994}\gamma_l\right)},$$

$$k,l=0,1,2.$$

I は企業の海外進出状況を示す変数であり，国内企業は0,水平的直接投資を実施すれば1,垂直的直接投資であれば2をとる．β_{kr} と γ_k は，生産性四分位ダミーと関税率変化の交差項，企業属性変数の係数である．ここで検証すべき仮説は，関税率の変化は生産性分布の中央に位置する企業の垂直的直接投資を促すか否かである．一方で，Chen and Moore (2010) が示すように，水

---

[31] なお，この定式化では1994年から2003年の間の企業の生産性分布は一定であることを暗に仮定している．1994年と2003年の生産性のピアソンの相関係数は0.43,スピアマンの順位相関は0.49であり，いずれも統計的にゼロと異なることを確認している．また，サンプルを1994〜1999年に限定しても，主要な結果は変わらなかった．
[32] 生産性の確率四分位ダミーは，国内企業，新規海外進出企業に加えて既存の多国籍企業（1994年までに海外進出している企業）を含めて定義している．ただし，ロジット・モデルの推定では既存の多国籍企業を除いて推計を行っている．

平的直接投資の場合,関税率の低下はむしろ輸出の継続を促すので,関税率の低下は水平的直接投資には影響しないと考えられる.

本研究では,水平的・垂直的直接投資の定義として,以下の3つの定義を試みている.第一の定義は,輸出集約的現地法人を垂直的直接投資とみなす方法である.第二の定義は,海外事業活動基本調査におけるアンケート項目の投資目的に関する項目である.海外進出企業の中で,とりわけ部品メーカーは組立メーカーに追随して海外に進出するケースが少なからずある.たとえば自動車部品メーカーはトヨタやホンダのような自動車メーカーの進出先に生産拠点を設けることが多い.こうした直接投資は組立メーカーとの取引関係を維持することが目的であり,貿易コストを節約するための直接投資であるので,第二の定義では,直接投資の動機に関するアンケート項目で「取引先との関係を維持するため」と回答した海外現地法人を水平的直接投資,それ以外の投資を垂直的直接投資とみなした.第三の定義は,海外事業活動基本調査のアンケート項目のうち,工程間分業に関する質問項目を用いた.具体的には,「現地で一貫生産を行っている」と回答した現地法人を水平的直接投資,それ以外を垂直的直接投資と分類した[33].

3) 変数とデータ

企業レベルの変数は以下のように構築している.まず,本章における生産性はCaves et al. (1982, 1983) ならびにGood et al. (1983) で提案された生産性指数を用いている.具体的には以下のような式に基づいて推計を行っている.

$$TFP_{it} = \left(\ln Y_{it} - \overline{\ln Y_t} \right) - \sum_f \frac{1}{2} \left(s_{ift} + \overline{s_{ft}} \right) \left(\ln X_{ift} + \overline{\ln X_{ft}} \right) \\ + \sum_s \left(\overline{\ln Y_s} - \overline{\ln Y_{s-t}} \right) - \sum_s \sum_f \left(\overline{s_{fs}} - \overline{s_{fs-t}} \right) \left(\overline{\ln X_{fs}} - \overline{\ln X_{fs-t}} \right),$$

ここで Y_{it}, s_{ift}, X_{ift} は, t 時点における企業 i の出荷額, 生産要素 f のコストシェ

---

[33] これらの分類に基づくと,おおよそ4割から6割が垂直的直接投資と定義される.詳細は,付表6.1に示されている.

アと生産要素投入量である．バーがついている変数は産業レベルの平均値を示す．その他の変数としては，資本労働比率（KL-Ratio），R&D集約度，非熟練労働者比率を用いている．企業レベルの変数は企業活動基本調査（経済産業省）を用いている．この調査は，従業員50人以上，資本金3,000万円以上の鉱業，商工業，一部のサービス業の全企業を対象とした調査であり，企業活動の多角化やグローバル化，研究開発状況等を調査している．

　その他の変数とその出所は以下のとおりである．関税率はTRAINSデータベースから得ており，中間財関税を計算するため，2000年の産業連関表（総務省）の投入シェアをウエイトとして1988年版HS6桁レベルの平均関税率を加重平均した．産業ダミーは，海外事業活動基本調査の2桁レベルの産業コードに基づいている．また，日系企業の集積指標として，1994年時点の各国・各産業の現地法人数を用いた．

表6.3　国別海外進出状況別にみた企業の生産性分布（1995～2003年）

			生産性分布				
中国		企業数	第一四分位	第二四分位	第三四分位	第四四分位	合計
	国内企業	2,382	27%	26%	23%	24%	100%
	新規進出企業	275	19%	17%	35%	29%	100%
	既存進出企業	271	12%	21%	31%	35%	100%
インドネシア							
	国内企業	2,647	26%	26%	24%	24%	100%
	新規進出企業	92	7%	16%	36%	41%	100%
	既存進出企業	128	10%	15%	36%	39%	100%
マレーシア							
	国内企業	2,645	26%	26%	24%	24%	100%
	新規進出企業	37	14%	16%	41%	30%	100%
	既存進出企業	185	12%	14%	34%	39%	100%
フィリッピン							
	国内企業	2,727	26%	26%	25%	24%	100%
	新規進出企業	60	13%	15%	37%	35%	100%
	既存進出企業	71	6%	13%	28%	54%	100%
タイ							
	国内企業	2,530	27%	26%	24%	24%	100%
	新規進出企業	117	10%	21%	38%	31%	100%
	既存進出企業	229	13%	17%	32%	38%	100%

出所：海外事業活動基本調査（経済産業省）に基づき著者作成．
注：国内企業は2003年までに海外に進出しなかった企業，新規進出企業は1995～2003年の間に各国に進出した企業，既存進出企業は1994年時点ですでに進出していた企業を指す．

第6章　東アジアにおける貿易自由化と日本企業の垂直的直接投資

　最後に，対象企業の概要を確認しておこう．表6.3は，国内企業，新規進出企業，既存の海外進出企業の3つのグループ間で，生産性の分布を比較している．既存の海外進出企業は，1994年以前に進出している企業，新規海外進出企業は1994年～2003年の間に進出した企業，国内企業は当該期間に進出しなかった企業である．生産性分布は1994年時点の生産性の確率四分位に基づいており，表には確率四分位ごとの企業数のシェアが示されている．たとえば，中国の既存の海外進出企業の場合，第4四分位のシェアが他のグループの企業のシェアよりも高い．新規海外進出企業では第3四分位に格付けされる企業が最も多く，35％の企業がここに分類される．一方で，国内企業は均等に分布しているものの，第1四分位の企業のシェアが他の四分位に比べてやや高くなっていることがある．他のアジア諸国についても，インドネシアの新規海外進出企業を除いて，同様のパターンがみられる．表6.3の結果は，図6.3に示される理論的枠組みから導かれる仮説：既存の海外進出企業は最も生産性が高く，新規海外進出企業は生産性分布の中央に分布し，国内企業は最も生産性が低い，と整合的であるといえる．本研究における実証分析では，この関係が関税率の低下幅の大きい産業で顕著にみられるかどうかを検証する．

6.4　推計結果

　ロジット・モデルの推計結果は表6.4に示されている[34]．なお，示されている係数はすべて限界効果となっている．第一列目では，関税率の変化が単独で導入されており，交差項が含まれていないのに対して，第二列目と第三列目では生産性四分位ダミーと関税率変化幅の交差項が導入されている．第一

---

[34] ロジット・モデルにおける交差項の限界効果は，非線形になるため単純な平均値周りの限界効果では評価できないことがAi and Norton（2003）によって示されている．Ai and Norton（2003）では，限界効果を計算するプログラム（例えばStataによる *inteff*）なども紹介されているが，二値選択モデルしか対応していない．そこで，本研究では，表6.4の（3）列目と表6.5の（1）列目の結果に基づき，関税率の変化幅を階級に分けて，それぞれの階級で限界効果を計測し，本仮説が支持されるかどうかを確認した．限界効果は付図6.1と付図6.2で示されているが，本文中の結論と同様，第3四分位の限界効果が大きいという結果を得ている．

列では，関税率変化幅の係数は負であるが統計的に有意でない．一方，生産性の係数は正で統計的に有意な影響を及ぼしている．この海外進出企業は高い生産性を持つという結果は，Kimura and Kiyota（2006）をはじめとする多くの先行研究と整合的である．第二列目と第三列目では，生産性四分位ダミーと関税率変化幅の交差項が導入されているが，さらに三列目では，国ダミーと生産性の交差項が導入されている．これはホスト国の属性により生産性カットオフ水準が変異する可能性を考量するためである．第二列目，第三列目のいずれのケースでも，第3四分位のダミー変数と関税率変化幅の交差項が負で有意となった．前述のとおり，生産性確率四分位ダミーは，既存の多国籍企業も含めて定義しているため，貿易自由化の影響を受けるのは生産

表6.4　ロジット・モデルの推計結果（限界効果）

	(1)	(2)	(3)
$\Delta\tau$	-0.00036		
	(0.00028)		
TFP	0.06059**	0.01362	0.02047
	(0.02641)	(0.01365)	(0.03119)
Q1*$\Delta\tau$		0.00058	0.00082***
		(0.00036)	(0.00031)
Q2*$\Delta\tau$		0.00009	0.00016
		(0.00033)	(0.00032)
Q3*$\Delta\tau$		-0.00077***	-0.00076***
		(0.00028)	(0.00026)
Q4*$\Delta\tau$		-0.00047	-0.00058**
		(0.00031)	(0.00029)
KL ratio	0.01515***	0.01552***	0.01518***
	(0.00252)	(0.00240)	(0.00244)
R&D intensity	0.02075	0.01962	0.01839
	(0.06174)	(0.05914)	(0.05810)
Share of unskilled worker	-0.01557***	-0.01510***	-0.01477***
	(0.00462)	(0.00463)	(0.00460)
Agglomeration	0.00039**	0.00040**	0.00039**
	(0.00018)	(0.00018)	(0.00016)
国ダミー	Yes	Yes	Yes
国ダミー×TFP	No	No	Yes
業種ダミー	Yes	Yes	Yes
サンプル数	13,512	13,512	13,512
対数尤度	-2093	-2076	-2071
疑似決定係数	0.127	0.134	0.136

注：カッコ内の数値は標準誤差であり，2ケタ業種ごとにクラスタリングしている．***，**，*は，それぞれ1%，5%，10%水準で統計的に有意であることを示す．

第6章　東アジアにおける貿易自由化と日本企業の垂直的直接投資

性分布の中央に位置する企業であると考えられる．第二列と第三列の推計結果は，この仮説に整合的な結果になっている．

その他のコントロール変数としては，日系企業の集積の係数は正で有意となった．この結果は，海外進出企業は，日系企業がすでに集積している地域を選択していることを示唆するものである．資本労働比率の係数も正で有意となっており，資本集約的な企業ほど積極的に海外に進出していることを示唆する．単純労働者比率の係数は常に負で有意となっているが，技能労働者集約的な企業のほうが海外進出しやすいことを示唆するものである．

表6.5は，国内企業，水平的直接投資，垂直的直接投資を多項ロジット・モデルの推定結果である．なお，表6.4同様，示されている係数はすべて限界効果となっている．第一列は，垂直的直接投資を輸出志向現地法人，水平的直接投資を国内販売志向現地法人として定義したものである．生産性分布と関税率変化幅の交差項は，垂直的直接投資における第3四分位で，負で有意な係数を得ている．水平的直接投資の係数の対応する係数は，負になっているものの有意ではない．第二列と第三列では異なる直接投資の定義が採用されている．第二列では販売先との関係維持を目的とした直接投資を水平的直接投資，それ以外を垂直的直接投資とみなしたケースである．この場合も，垂直的直接投資のケースのみ，第3四分位と第4四分位ダミーと関税率変化幅の交差項のみマイナスで有意な係数が得られた．第三列は，工程間分業の有無で垂直的直接投資と水平的直接投資を識別したもので，この場合は，水平的直接投資，垂直的直接投資の両方で，第3四分位と関税率変化幅の交差項の係数がマイナスで有意となった．ただし，係数の大きさは垂直的直接投資のほうが大きくなっており，また，垂直的直接投資では第4四分位の係数もマイナスで有意であった．以上の結果から，貿易自由化は生産性分布の中央の企業に位置する企業の垂直的直接投資を促すという仮説は，おおむね支持された[35]．

---

[35] 頑健性のチェックとして，TFP指数の代わりにLevinsohn and Petrin（LP）によるTFP推計値（Levinsohn and Petrin, 2003）による推計も行った．関税率変化幅と生産性四分位ダミーの交差項の係数は第3四分位の有意性が消える一方で，第4四分位が有意になった点が異なるが，おおむね類似の結果が得られている．

表6.5 多項ロジット・モデルの推計結果(限界効果)

	(1) 現地販売志向FDI (HFDI)	(1) 輸出志向FDI (VFDI)	(2) 取引関係維持FDI (HFDI)	(2) その他のFDI (VFDI)	(3) 現地一貫生産FDI (HFDI)	(3) 工程間分業FDI (VFDI)
Q1*Δτ	0.00058**	0.00010	0.00030**	0.00023	0.00048**	0.00031
	(0.00024)	(0.00026)	(0.00012)	(0.00032)	(0.00022)	(0.00019)
Q2*Δτ	0.00014	-0.00007	0.00009	-0.00008	0.00012	0.00003
	(0.00029)	(0.00031)	(0.00017)	(0.00031)	(0.00020)	(0.00016)
Q3*Δτ	-0.00031	-0.00048**	-0.00011	-0.00063***	-0.00029*	-0.00041**
	(0.00020)	(0.00023)	(0.00009)	(0.00028)	(0.00017)	(0.00016)
Q4*Δτ	-0.00018	-0.00040	-0.00005	-0.00052**	-0.00028	-0.00024**
	(0.00026)	(0.00025)	(0.00014)	(0.00027)	(0.00020)	(0.00012)
TFP	0.02463	0.00402	0.01096	0.00778	0.00868	0.01205
	(0.02962)	(0.00871)	(0.01377)	(0.01134)	(0.01605)	(0.02303)
KL ratio	0.00772***	0.00682***	0.00291***	0.01009***	0.00664***	0.00790***
	(0.00185)	(0.00072)	(0.00068)	(0.00160)	(0.00122)	(0.00139)
R&D intensity	0.02483	-0.01025	0.00617	0.00716	0.01331	0.00363
	(0.03341)	(0.02300)	(0.02082)	(0.02330)	(0.01841)	(0.04356)
Share of unskilled worker	-0.00572	-0.00813**	-0.00011	-0.01396***	-0.01354***	-0.00099
	(0.00381)	(0.00320)	(0.00138)	(0.00266)	(0.00196)	(0.00344)
Agglomeration	0.00024*	0.00015**	0.00007*	0.00022**	0.00014	0.00022***
	(0.00012)	(0.00006)	(0.00004)	(0.00010)	(0.00012)	(0.00005)
国ダミー	Yes		Yes		Yes	
国ダミー×TFP	Yes		Yes		Yes	
産業ダミー	Yes		Yes		Yes	
サンプル数	13,512		13,512		13,512	
対数尤度	-2432		-2404		-2455	
疑似決定係数	0.127		0.136		0.123	

注:カッコ内の数値は標準誤差であり,2ケタ業種ごとにクラスタリングしている. ***, **, * は,それぞれ1%, 5%, 10%水準で統計的に有意であることを示す.

6.5 終わりに

　本研究は，近年の貿易自由化の進展とともに比較的生産性の低い企業が直接投資を行っている事実に注目し，そのメカニズムを簡単な理論モデルとわが国の企業レベル・データを用いて分析した．理論モデルでは，Helpman et al.（2004）を拡張し，垂直分業を考慮したシンプルなモデルを導入し，貿易自由化によって垂直的直接投資を実施する際の生産性カットオフ水準が低下することを示した．実証分析では，この仮説を検証するために日本企業の中国，タイ，マレーシア，インドネシア向けの直接投資を対象としたデータを用いて分析を行った．実証分析の結果，関税率の変化が，生産性分布の中位に位置する企業の垂直的直接投資を促していることが示された．東アジアの途上国では，貿易自由化が進展し，関税率の低下がみられるが，本研究の結果に基づくと，こうした動きが工程間分業を伴う直接投資の流入を促したと結論付けることができる．アジア地域では，環太平洋経済連携協定（Trans-Pacific Partnership, TPP）や東アジア地域包括的経済連携（Regional Comprehensive Economic Partnership, RCEP）など，さらなる貿易自由化の枠組みが検討されているが，こうした取り組みが進展すれば，今後も海外直接投資企業の裾野の拡大が続き，比較的規模の小さい企業も工程間分業による便益を享受できるようになると考えられる．

付表6.1　直接投資の類型別企業数

	国内企業	現地販売志向FDI (HFDI)	輸出志向FDI (VFDI)
インドネシア	2,647	54	38
マレーシア	2,645	25	12
フィリピン	2,727	25	35
タイ	2,530	80	37
中国	2,382	165	110

	国内企業	取引関係維持FDI (HFDI)	その他のFDI (VFDI)
インドネシア	2,647	35	57
マレーシア	2,645	24	13
フィリピン	2,727	26	34
タイ	2,530	51	66
中国	2,382	136	139

	国内企業	現地一貫生産FDI (HFDI)	工程間分業FDI (VFDI)
インドネシア	2,647	52	40
マレーシア	2,645	20	17
フィリピン	2,727	25	35
タイ	2,530	76	41
中国	2,382	163	112

出所：海外事業活動基本調査（経済産業省）に基づき著者作成．

付図6.1　生産性四分位と関税率変化幅の交差項の限界効果（表6.4（3））

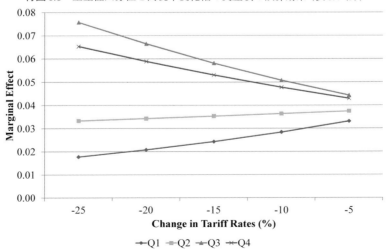

付図 6.2 生産性四分位と関税率変化幅の交差項の限界効果（表 6.5 (1)）

パネル (a) 水平的直接投資

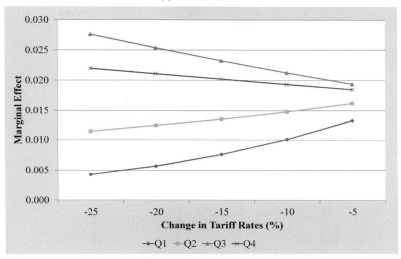

パネル (b) 垂直的直接投資

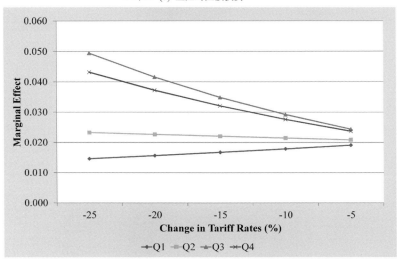

第7章

垂直的海外直接投資と国内の自国企業の生産性

7.1 はじめに

　東アジアの国々に進出している日系多国籍企業の経済活動が，本国の生産性に与える影響に対する注目が集まっている．日本の機械産業は東アジアに多く工場を進出させ，国際的な生産/流通ネットワークを構築してきた．とりわけ，その進出範囲や各拠点間の貿易成長などで，顕著な特徴を持っているといわれている．しかし，そのような国際的な生産/流通ネットワークの構築は，国内事業の特定分野への集中を促し，同時に国内雇用の縮小や工場閉鎖を促してきた．特に，後者の影響は「産業の空洞化」として国内の耳目を集め，2000年頃には，日本企業の中国への進出が加速したことで，「産業の空洞化」を危惧する声は一段と高まった．

　第5章でみたように，こうした議論を背景として，対外直接投資と自国企業の生産性の関係についての実証研究が蓄積されている．とくに近年の研究では，生産性と対外直接投資の内生性（endogeneity）の問題と直接投資の種類による影響の違いが取り上げられている．内生性の問題は，単純に海外進出企業と国内企業の生産性を比較しても，その生産性の差が，海外進出企業の生産性の向上が対外直接投資によるものなのか，それとも元々の生産性の高さに起因するものなのかが曖昧なのである．こうした内生性の問題を解決すべく，これまでの多くの研究ではPropensity Score Matching法による分析が行われている．また，直接投資の種類については，多くの先行研究が途上国への直接投資を垂直的直接投資，先進国への直接投資を水平的直接投資と定義して分類して分析している．しかし，既存研究には二つの点で拡張の余地がある．一つは，海外直接投資後の海外における生産量拡大が国内の生産

99

性に及ぼす影響の分析である．第5章でも指摘したとおり，Propensity Score Matching法では，海外進出前後の2～3年に注目して分析することになるが，多くの日本企業は長い海外生産の経験を持ち，海外生産拠点の規模を拡大し続けている．こうした海外生産拠点の拡張の影響を分析するためには操作変数法などの手法を用いる必要がある．もう一つの拡張は，直接投資の定義である．既存研究では途上国への直接投資を垂直的直接投資と定義しているが，第6章の分析でもみたように途上国向け海外直接投資であっても現地販売を目的とした直接投資も少なくない．つまり，垂直的直接投資と水平的直接投資を識別するためには，より詳細なデータを用いて分析する必要がある．

本章の目的は，日本の機械産業の対外直接投資が自国の企業の生産性に与える影響を事業部門別データにより分析することである．事業部門別のデータとは，各企業の部門別データであり，たとえば，ある企業が川上部門（部品生産）と川下部門（組立工程）の2つの工程を国内で実施している場合，両者を分割した分析が可能となる．通常，海外進出企業は企業規模が大きく，同一国内に複数の事業部門を抱えていることが多い．こうした場合に，ある部門が海外に移転されたとき，この部門と生産工程上，まったく関わりのない部門には，何の影響ももたらさないと考えられる．一方で，海外に移転した部門と同一の部門，あるいは，前工程・後工程となる部門には，何らかの影響がもたらされると期待される．われわれが構築したデータは，こうした国際分業パターンに基づき，海外直接投資を水平的直接投資と垂直的直接投資に分類し，その国内事業部門の生産性への影響を分析することを可能にする．

本章の構成は以下の通りである．まず次節においては垂直的直接投資と水平的直接投資の自国企業の生産性への影響についてのサーベイを行う．7.3節では実証分析の手法について説明する．7.4節では実証分析の結果を示す．そして7.5節で結論を述べる．

7.2 水平的直接投資と垂直的直接投資

本節では，直接投資が国内の生産分門にもたらす影響について，概念的に

整理する．次に，その自国の事業所の生産性への影響を理論的に分析する．

1) 水平的直接投資と垂直的直接投資の概念整理

　これまでの研究では，直接投資は，およそ2つのパターン（水平的直接投資と垂直的直接投資）に分類され，分析されてきた．まず，水平的直接投資は輸送コストなどの貿易障壁を回避する目的で相手国の市場に自国の経済活動を移転させる戦略として定義されている．したがって，水平的直接投資は自国と相手国に同じ生産工程を持つことになる．一方で，垂直的直接投資は相手国の安い労働力を求めて工場を海外に進出させるものであり，海外に移転する生産工程は，労働集約的な生産工程になりがちである．垂直的直接投資では，自国の生産活動の一部を海外に移転させるので，その海外現地法人は自国のより上流の生産工程と補完的関係になると考えられる．これは，言い換えれば，少なくとも理論的には，水平的直接投資では，海外に移転させた事業所と同じ生産工程を担う事業所が国内からなくなることはないが，垂直的直接投資の場合は海外に事業所を移転させることで同じ生産工程を担う事業所が国内からなくなってしまうといえる．さらに，水平的直接と垂直的直接投資では販売先も異なる．水平的直接投資の場合は市場となるのは基本的にはその直接投資の受入国であるが，垂直的直接投資の場合はそれ以外の国（たとえば自国に逆輸入する目的で，相手国で製品を製造する）である．海外進出企業の海外への直接投資の動機は現実的には様々で，すべての海外現地法人が垂直的直接投資と水平的直接投資に分類できるものではないが，この分類は多国籍企業の直接投資を分析する上で非常に有益である．

　ここで，垂直的直接投資と水平的直接投資の特質を整理しておくと，

特徴1：水平的直接投資は，国内と同じ部門を海外に立地させる．一方で，垂直的直接投資は，国内の事業部門と産出－投入関係にある部門を海外に移転させる．

特徴2：水平的直接投資により設置された現地法人の主な販売先は進出国内であるのに対して，垂直的直接投資の場合は，日本国内もしくは第三国販売となる．

2）　水平的直接投資と垂直的直接投資の自国企業の生産性への影響

　直接投資の自国企業の生産性に与える影響は，水平的直接投資と垂直的直接投資の間で質的に異なっている．本小節では，そのような水平的直接投資と垂直的直接投資の影響をそれぞれ理論的に整理する．

　はじめに，水平的直接投資が本社の生産性に及ぼす影響について考えよう．直接投資受入国（host country）の要素価格は，自国と同じであると仮定する．そして規模に関して収穫逓増の生産技術，製品の輸送には ice-berg 型の輸送費がかかると仮定する．企業は，輸出により海外に財を提供するか，生産拠点を設けて現地生産するか，のいずれかを選択できるが，より利潤が高くなるほうを選択する．輸出と海外生産には，それぞれ長所・短所があり，輸出の場合は，海外進出のための固定費がかからないというメリットがあるが，輸送費を払う必要がある．海外生産の場合は，現地法人設立のための固定費が伴うが，輸送費を払う必要がないというメリットがある．よって，水平的直接投資が行われるのは，現地法人設立のための固定費が低く，輸送費が高い場合であるといえる．

　水平的直接投資が行われると，国内工場の平均費用は以下のように変化すると考えられる．まず，水平的直接投資により，これまで国内おこなわれてきた進出国向けの生産は，海外に移転されるので，その分，図7.1で示されているように，国内における生産量は，進出前の生産量 X_{pre} から，進出後の生産量 X_{post} にまで減少する．収穫逓増技術を仮定しているので，生産量の減少は平均費用を上昇させ，生産性を低下させる．一方で，Navaretti らの先行研究で指摘されているように，もし，海外生産によって海外から新規技術や商品開発に関する新しい知見が得られ，それが国内工場にフィードバックされるのならば，図7.2に示されているように，国内工場の限界費用・平均費用がともに低下するので，スピルオーバーは，生産性を上昇させる要因となる．

　次に，垂直的直接投資の影響を考えよう．ここでは，投資国は資本集約的な上流工程，進出国は労働集約的な組立工程に比較優位をもつと仮定する．企業は，部品を生産する上流部門の工場と組立工程を担う下流工場を，国内，あるいは海外に設置することができると考える．それぞれの生産工程は，収

第7章　垂直的海外直接投資と国内の自国企業の生産性

図7.1　水平的直接投資が自国の平均費用に与える影響

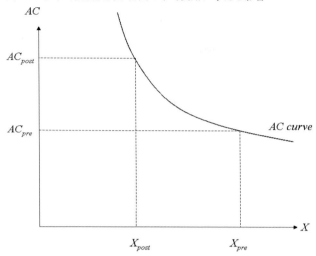

図7.2　水平的直接投資が自国の平均費用関数に与える影響
（スピルオーバー効果を考慮したもの）

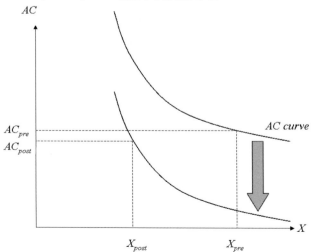

種遞増技術で生産されるとする．また，上流製品，最終製品を輸出する場合には輸送費がかかるとする．ここでは，組立工程を海外に移転するケースに限定して議論を進める．まず，企業が組立工程を海外に移転するのは，国内と海外で国際分業を行った場合の利潤が，国内で一貫生産を行った場合（組立工程を海外移転させる前）の利潤を上回るときであると考えることができる．国内で一貫生産を行うことの利点は，中間財の輸送費用を節約できる点にあるが，一方で，労働コストの低い地域と国際分業を行う場合，労働集約的な生産工程の労働コストを節約することができる．よって，企業が垂直的な直接投資を行うのは，輸送費が低く，生産要素価格差が大きいときである．

垂直的直接投資が，国内のコスト構造に及ぼす影響についても，下流工程の組立部門が海外移転する場合を例にとって考えてみよう．この場合，垂直的直接投資は，以下の2つのチャネルを通じて，国内の生産量の増減が引き起こされ，結果的に平均費用が変化すると考えられる．第一に，国際分業によって追加的に発生する輸送費の増大により，国内生産の限界費用は上昇し，その結果，生産量が減少することで，平均費用を上昇させる．第二に，組立工程の費用節約により，当該最終製品に対する需要量，したがって生産量は拡大する．同時に，国内部門である上流工程の生産量も拡大するので，規模の経済性より平均費用が低下することが期待できる．前述のとおり，垂直的直接投資は，輸送費が低く，本国と進出先の要素価格差が大きいときに行われるため，垂直的直接投資による，国内の上流工程に対する生産量拡大効果はプラスになると考えられる．それゆえ，図7.3に示されているとおり，上流工程の平均費用は低下し，生産性は上昇すると考えられる．

3） 生産性水準と生産性成長

これまで直接投資が本国における生産部門の生産性に及ぼす影響を理論的に検証してきたが，そこでの「生産性」は生産性の「水準」を指している．ほとんどの先行研究が生産性「水準」に対する影響を分析しているが，直接投資は生産性の「成長率」にも影響を与えるかもしれない．たとえば，水平的直接投資によって得られる知識/技術のスピルオーバーは生産性の「水準」のみならず，「成長率」に影響を与えるであろう．実際，知識/技術のスピルオー

図7.3 垂直的直接投資が自国の平均費用関数に与える影響

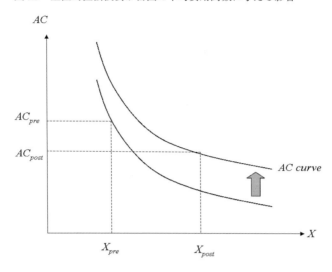

バーに関するリテラチャーでは，多国籍企業の存在が，進出先の地場企業の生産性成長率に対して正の影響を与えていることが分かっている（たとえば，Gorg and Greenaway, 2004; Crespo and Fontoura, 2007）．水平的直接投資の生産性への正の影響の源泉もまた知識/技術のスピルオーバーによるものであるから，水平的直接投資は自国企業の生産性の「水準」にも「成長率」にも影響を与えていると考えられる．一方で，垂直的直接投資の場合，Hijzen et al.（2010）は国際的な企業間分業（アウトソーシング）が生産性の「成長率」に影響を与えていることを指摘している．Hijzen et al.（2010）は，国内部門が技術集約的な生産工程に特化することで，大きな動学的学習効果を得ることができ，生産性の成長率が大きくなる，と主張している．アウトソーシング（国際的企業間分業）と垂直的直接投資（国際的企業内分業）がもたらす影響は質的に変わらないため，垂直的直接投資もまた生産性成長に対して正の影響を与えているかもしれない．このように，垂直的直接投資と水平的直接投資は自国企業の生産性の「水準」だけでなく，「成長率」にも影響を与え得るということがいえる．次節では日本の直接投資が自国企業の生産性の「水

準」と「成長率」にどのような影響を与えているのかを実証的に検証する．

7.3 実証分析

　本節ではまず，直接投資が自国企業の生産性に与える影響を検証する実証分析の手法を説明する．次に，データの出所を明らかにし，生産性の推計方法についても簡単に説明する．

1）　実証分析の手法

　本章では対外直接投資が本国の工場レベルの生産性に与える影響を分析する．分析対象となるデータセットの単位は産業レベルではなく，生産工程レベルのものである．たとえば，われわれは川下部門を海外に移転した場合の，自国に残された川上部門の生産性の変化を直接分析する．そのような分析単位を以後，「事業部門」レベルと呼ぶことにする．しかし，このように細かくデータを分割した分析では，第1節で述べた Propensity Score Matching 法を採用することができなくなる．この分析手法は内生性の問題を回避する目的で行われる（直接投資を実行する企業はもともと直接投資を実行しない企業に比較して生産性が高いがゆえに，直接投資が自国の企業の生産性に正の影響を与えているとする分析結果が出るのではないかという疑い，これを以後「選択効果」と呼ぶ）．よく採用される Propensity Score Matching 法は，「実際に直接投資を行った企業」と同一業種かつ直接投資を行う確率が最も近い「実際には直接投資を行っていない企業」（コントロール・グループ）を比較対象とする．しかし，われわれの細かい業種分類（事業部門レベル）は，観測数が多いにも関わらず，潜在的マッチング相手の数を小さくしてしまう．このように，十分な観測数が得られなければ，望ましいコントロール・グループが得られない．したがって本章では操作変数法を採用した．

　Castellani et al.（2007）と Hijzen et al.（2010）の手法にならって，生産性では十分に測られない要素による変動を調整すべく，従属変数のラグをとった線形の回帰式を想定した．また，前述のとおり，われわれは，生産性の「水準」のみならず，「成長率」にも関心を持っているので，それぞれを従属変数とする．以下の (7.1) 式と (7.2) 式を推計した．

$$TFP_{ij}(t) = \rho\, TFP_{ij}(t-1) + \beta_1\, Horizontal_{ij}(t-1) + \beta_2\, Vertical_{ij}(t-1) + \varepsilon_{ij}(t), \quad (7.1)$$

$$\Delta TFP_{ij}(t) = \rho\, \Delta TFP_{ij}(t-1) + \beta_1\, Horizontal_{ij}(t-1) + \beta_2\, Vertical_{ij}(t-1) + \varepsilon_{ij}(t), \quad (7.2)$$

ただし $TFP_{ij}(t)$ と $\Delta TFP_{ij}(t)$ は時点 t における企業 i の生産活動 j における生産性の水準と成長率である．生産性を示す指標としては，全要素生産性（以下 TFP; Total Factor Productivity）を採用した．TFP の推計方法については後に詳細に説明する．$Horizontal_{ij}$ は i 企業の j 生産活動における水平的直接投資の大きさ，$Vertical_{ij}$ は i 企業の j 生産活動における垂直的直接投資の大きさである．選択効果に起因する内生性の問題を回避するために，$Horizontal_{ij}$ と $Vertical_{ij}$ のそれぞれ 1 期ラグを説明変数として加えているが，われわれの推定式は固定効果を含むため，依然として内生性の問題が残り，Blundell and Bond（1998）によって提案された System GMM を採用する．FDI 変数と従属変数を先決変数とみなし，それらの 2 期および 3 期のラグを操作変数として用いる．年次ダミーは (7.1), (7.2) の両方の推計式に導入する．

　直接投資が，それと関連する事業部門にどのようなインパクトを与えているのかを正確につかむために，われわれは，7.2 節で説明した直接投資の第 1 の特徴にしたがって，水平・垂直の直接投資の変数を作成した．すなわち，$Horizontal$ は，従属変数の事業部門と同一で，かつ海外に立地する部門の活動規模をとらえるために用いられる．一方で，$Vertical$ は従属変数の事業部門と投入-生産関係にある海外の事業部門の活動規模をとらえるものとして用いられる．ここで例を挙げよう．自国に川上部門と川下部門の生産部門を持つ，ある多国籍企業が，アジアにも北アメリカにも川下部門の事業所を所有しているとしよう[36]．このような例は表7.1 に示されている．$A-E$ は該当する部門の活動規模を表している．このような例おいて，自国の川上部門の活動 (A) にとって，$Horizontal$ は C を表し，一方で $Vertical$ は D と E の和を表

---

[36] 本章では，北アメリカ諸国，西ヨーロッパ諸国，オーストラリア，ニュージーランドを「先進国」と定義し，韓国，台湾，香港，シンガポール，マレーシア，フィリピン，タイ，インドネシア，中国を「アジア」と定義する．

表7.1 生産工程の海外移転の例

	川上部門	川下部門
自国	A	B
アジア		D
北アメリカ	C	E

すことになる.

　さらに，企業規模を調整するために，2つの直接投資変数に次のような調整を加える．*Horizontal* 変数については，企業における海外活動の相対規模を反映させるために，企業 i の活動 j における，自国内も含めた全世界の活動規模で *Horizontal* 変数を除す．たとえば，表7.1 において，自国の川上部門の活動 (A) と水平的な関係にある海外部門の活動は，A と C の和で除して基準化される．一方，*Vertical* 変数には次のような操作を加える．企業 i の，自国内も含めた全世界のその関連部門における活動規模で *Vertical* 変数を除す．関連部門とは，川上部門と川下部門の活動規模の和を意味する．つまり，表7.1 において，自国の川上部門の活動 (A) にとっての *Vertical* 変数は，A, B, C, D と E の和で除して，その大きさを基準化する．

　本章では，経済活動規模の代理変数として，従業者数を用いる．海外事業所の販売額のデータは入手可能であるが，財の価格は報告されていない．さらに，企業によっては，ほとんどの工程を日本国内で済ませてしまい，海外では組立のみという分業も少なからずみられると考えられる．よって，最も適切な変数は海外事業所における付加価値である．しかし，付加価値を推計するのに必須となる中間財のコストはしばしば報告されていない．それゆえ，われわれは代理変数として労働者数を採用した．したがって2つの直接投資を表す変数は以下のようになる．

$$Horizontal_{ij} = \frac{\sum_{r \in R_O} L_{ij}^r}{\sum_{r \in R} L_{ij}^r}, \quad Vertical_{ij} = \frac{\sum_{r \in R_O} \sum_{k \in S_j} L_{ik}^r}{\sum_{j \in S} \sum_{r \in R} L_{ij}^r}.$$

L_{ij}^r は企業 i の経済活動 j の国 r における労働者数，S は事業活動 j が分類される産業における事業活動すべてから成る集合を表す．R はすべての国から成る集合である：$R \in \{$日本，先進国，東アジア，その他$\}$，$R_O \in \{$先進国，東

アジア，その他｝．S_j は経済活動 j で産出-投入関係にある経済活動から成る集合を表す．たとえば，もし経済活動 j が電気機械器具製造業であれば，S_j は電子部品・デバイス製造業となる．

最後に，3点の特筆すべきことがある．第1に，先進国と発展途上国で労働者のスキルに差異が存在するために問題が生じる可能性がある．たとえば，OECD諸国の労働者は東アジアの労働者よりもスキルがあるであろう．この労働スキルの差異を一定程度考慮するために，FDI変数を地域別に分けて推計を行うことにする．第2に，本章におけるFDI変数は連続変数であるが，多くの先行研究では，離散変数，つまり，企業が直接投資を実施されている場合は1，そうでなければ0になるような変数を採用している[37]．このわれわれの選択は，直接投資による知識/技術のスピルオーバーや垂直的生産分業などの利益は，直接投資が実行されてすぐに得られるものではないという考えに基づいている．つまり，多国籍企業は，海外に現地法人を設置した後すぐにフル稼働で生産を行うわけではない．しかし，国内活動は，海外活動が十分に活動を開始して初めて直接投資の影響を受けると考えられる．このようなタイムラグを考慮するために，われわれは企業の事業部門の規模を表す変数として，連続変数を採用した．第3に，連続変数を採用したことによるコストとして，多国籍企業が最初の直接投資を実行して，それがフル操業を開始する前に第2の直接投資を実行した場合，その第1の直接投資と第2の直接投資の影響を識別できないという問題が発生する．このため，企業の海外生産規模として，すべての現地法人の活動規模を集計している[38]．

2） データ出所

データは1981年から2003年までの「工業統計」と「海外事業活動基本調査」の個票データを再編加工して利用している．「工業統計」からは国内の事業所レベルのデータ（たとえば，立地，労働者数，有形固定資産など）が入手できる．1985年から2003年における日本企業の海外現地法人のデータは「海

---

[37] Hijzen et al.（2010）もまた連続変数を採用している．
[38] 事業所の数でみた直接投資変数と，その生産性への影響の間にも重要な関連があると思われるが，そのような分析は本章における分析の守備範囲をこえる．

外事業活動基本調査」から入手可能である．なお，従業員の数が9人以下の事業所はTFPの推計に必要な有形固定資産に関するデータが手に入らないためサンプルから除外した．さらに，2001年と2002年のデータでは29人以下の事業所で資本形成のデータを入手できない．したがってわれわれのデータセットは1985年から2000年まで，そして2003年のパネルデータということになる．

　TFPはCaves et al.（1982, 1983）とGood et al.（1983）の手法にならって，以下の式を用いて推計した．

$$TFP_{ijt} = \left(\ln Q_{ijt} - \overline{\ln Q_t}\right) - \sum_{f=1}^{F} \frac{1}{2}\left(s_{ijft} + \overline{s_{ft}}\right)\left(\ln X_{ijft} + \overline{\ln X_{ft}}\right)$$
$$+ \sum_{s=1}^{t}\left(\overline{\ln Q_s} - \overline{\ln Q_{s-1}}\right) - \sum_{s=1}^{t}\sum_{f=1}^{F}\frac{1}{2}\left(\overline{s_{fs}} + \overline{s_{fs-1}}\right)\left(\overline{\ln X_{fs}} - \overline{\ln X_{fs-1}}\right), \quad (7.3)$$

ただしQ_{ijt}，s_{ijft}は企業i，事業部門jの時点tにおける総生産量，企業i，事業部門jのt期における投入要素fのコストシェアを表す．X_{ijft}は企業i，事業部門jのt期における投入要素fの投入量を表す．バーがついたものは各変数の，当該産業，当該年における平均値である．個々の企業・事業部門の生産性指標は，仮想的な平均的（代表的）企業との差分として定義される．仮想的平均的企業の要素投入量と生産量は，その産業のすべての企業・事業部門の幾何平均をとったものとする．（7.3）式の右辺の第1項，および第2項は，Thiel = Tornqvist指数によって定義された横断面のTFP指数である．この横断面のTFP指数は異時点間では比較できないので，横断面のTFP指数を，第3項，第4項の平均的企業のTFP成長率を用いて調整する．それぞれの変数に関するさらに詳しい説明については補論Bを参照されたい．

　本章では活発な対外直接投資が行われている事務用・サービス用機器製造業，電気機器製造業に焦点をあてて分析を行う．そのため，事業所レベルのデータを，企業別，事業部門別，年次別にデータセットを作成した[39]．事業部門は3桁分類の業種分類で5つ（「事務用・サービス用機器」「電子部品」，「電気機械」，「電子計算機」，「通信機器」）に分類できる．川上部門と川下部

---

[39] データに関するさらに詳しい説明については補論1を参照されたい．

門の分類は,「産業連関表」(総務省)に基づき,産出・投入関係によって分類した.具体的には,第1に,川上部門を製造業の国内総需要のうち中間財への需要が約90%以上のものと定義する.上記の5つの事業部門では,「電子部品」がこれに該当する.次に,川下部門の事業活動は,生産額のうち中間財への需要額が10%未満の業種と定義する.「電子部品」の川下部門は「事務用・サービス用機器」「電気機械」,「電子計算機」,「通信機器」となる.よって,5つの事業部門のうち4つは川下部門に分類され,残りの1つは川上部門に分類されることになる.

表7.2は,2000年時点での本国と海外の事業活動の組み合わせを表にしたものである.たとえば,第2行,第4列の113とは,国内に川下部門を持つ企業で,かつ海外に川上部門を所有している企業の数である.カッコ内は,海外部門をアジアに限定した際の企業数である.この表から3つの事実を指摘したい.第一は,国内と海外で異なる事業を所有する企業に比べて,国内と海外で同一の事業を行っている企業のほうが多いという点である.この点は,2.1節での議論に基づけば,垂直的直接投資を行う企業よりも水平的直接投資を行う企業のほうが多いといえる.第二は,川上,川下部門,それぞれにおいて,垂直的直接投資を行う企業と水平的直接投資を行う企業の比率は,国内の川下部門(174/113)においても,川上部門(124/81)においても,ほぼ同じである.2.1節で議論した「特徴2」に基づくと,川下部門の海外移転による垂直的な国際分業とならんで,かなりの川上部門の海外移転による垂直的な国際分業がみられる.これは,日本企業は,資本集約的な川上部門

表7.2 自国と海外における事業部門の関係,2000年

		海外なし	海外	
			川下部門	川上部門
自国	川下部門	1249 (1275)	174 (148)	113 (107)
	川上部門	723 (737)	81 (69)	124 (112)

出所:経済産業省
注:括弧内は東アジアで事業活動を行う企業の数.「参入なし」は多国籍企業がない(東アジアに進出していない)ことを意味する.

を国内に残し，労働集約的な川下部門を海外に移転させているという推論と矛盾するものである．あるいは，この事実は，日本の電気機械製造業における国際分業パターンがより複雑になっていることを示唆していると解釈することもできる．第三は，よく知られているように，日本企業の直接投資は，東アジア向けが多いという点である．上記の二点の特徴は，東アジア向けの直接投資にもあてはまるものである．

7.4　実証分析の結果

本節では回帰式 (7.1) および (7.2) の推計結果を報告する．(7.1) 式，(7.2) 式以外の回帰式もまた推計されている．変数の基本統計量については表7.3を参照されたい．

回帰式 (7.1) と (7.2) の推計結果がそれぞれ表7.4 の (I)-(IV) 列，(V)-(VIII) 列に報告されている．まず，水平的直接投資 $Horizontal$ と垂直的直接投資 $Vertical$ であるが，両者とも自国の生産性の「水準」にも「成長率」にも有意に正の影響を与えている．水平的直接投資の生産性へのプラスの影響は，強い知識/技術のスピルオーバー効果によるものであると考えられる．一方で，垂直的直接投資の生産性の水準へのプラスの影響は，立地優位格差

表7.3　基本統計量

	N	Mean	Sd	p10	p90
ΔTFP	32,897	0.949	0.695	0.000	1.785
TFP	32,897	0.024	0.243	-0.137	0.202
ΔEMP	32,897	5.082	1.225	3.714	6.733
EMP	32,897	0.002	0.294	-0.181	0.195
$\Delta SHIP$	32,897	12.671	1.673	10.744	14.926
$SHIP$	32,897	0.037	0.446	-0.285	0.351
$FDI_{Developed}$	32,897	0.085	1.285	0	0
FDI_{Others}	32,897	0.024	0.308	0	0
$Horizontal$	32,897	0.1	1.7	0	0
$Vetical$	32,897	0.030	0.663	0	0
$Upstream$	32,897	0.021	0.648	0	0
$Downstream$	32,897	0.009	0.143	0	0
$Horizontal_{Asia}$	32,897	0.019	0.103	0	0
$Vertical_{Asia}$	32,897	0.007	0.107	0	0
$Upstream_{Asia}$	32,897	0.004	0.080	0	0
$Downstream_{Asia}$	32,897	0.003	0.072	0	0

第7章　垂直的海外直接投資と国内の自国企業の生産性

表7.4　TFPへの影響：基準ケース

	Level				Level				Growth			
	(I)	(II)	(III)	(IV)	(I)'	(II)'	(III)'	(IV)'	(V)	(VI)	(VII)	(VIII)
Dependent Var. (t-1)	0.923	0.915	0.910	0.905	0.768	0.772	0.770	0.773	-0.158	-0.152	-0.154	-0.148
	[72.98]***	[75.98]***	[74.62]***	[73.33]***	[44.62]***	[46.16]***	[46.53]***	[46.98]***	[-9.38]***	[-9.08]***	[-9.28]***	[-8.79]***
Dependent Var. (t-2)					0.169	0.156	0.162	0.162				
					[8.60]***	[7.12]***	[7.60]***	[7.47]***				
Dependent Var. (t-3)					0.131	0.135	0.120	0.117				
					[7.63]***	[7.44]***	[6.47]***	[6.43]***				
$FDI_{Developed}$ (t-1)			-0.003	-0.003			-0.004	-0.004			-0.003	-0.003
			[-1.01]	[-1.07]			[-1.32]	[-1.13]			[-1.31]	[-1.30]
FDI_{Others} (t-1)			0.035	0.035			0.039	0.036			0.042	0.040
			[1.99]**	[1.99]**			[1.81]*	[1.65]*			[3.37]***	[3.07]***
Horizontal (t-1)	0.006	0.006	0.066	0.070	0.005	0.005			0.006	0.005		
	[1.86]*	[1.57]	[1.70]*	[1.79]*	[1.64]	[1.47]			[1.96]*	[1.67]*		
Vertical (t-1)	0.005				0.005				0.004			
	[1.98]**				[1.95]*				[1.77]*			
Upstream (t-1)		0.005				0.004				0.004		
		[2.34]**				[1.98]**				[2.01]**		
Downstream (t-1)		0.039	0.066	0.071		0.023				0.029		
		[5.35]***	[6.48]***	[5.18]***		[3.49]***				[4.79]***		
$Horizontal_{Asia}$ (t-1)							-0.015	-0.019			0.004	0.003
							[-0.57]	[-0.70]			[0.16]	[0.12]
$Vertical_{Asia}$ (t-1)				0.072			0.062	0.046			0.056	0.055
				[5.56]***			[4.06]***	[6.03]***			[5.15]***	[6.00]***
$Upstream_{Asia}$ (t-1)								0.076				0.067
								[4.07]***				[5.43]***
$Downstream_{Asia}$ (t-1)												
Year Dummy	Yes	Yes	Yes	Yes	Yes	Yes	Yes	Yes	Yes	Yes	Yes	Yes
No. Observations	32,897	32,897	32,897	32,897	23,977	23,977	23,977	23,977	27,985	27,985	27,985	27,985
No. Firms' Activities	4246	4246	4246	4246	3242	3242	3242	3242	3682	3682	3682	3682
Hansen J (p-value)	0.000	0.000	0.000	0.000	0.014	0.061	0.102	0.218	0.288	0.647	0.495	0.667
AR(2) (p-value)	0.001	0.001	0.001	0.001	0.533	0.369	0.631	0.657	0.322	0.418	0.391	0.510

注：括弧内はZ値。***、**、*はそれぞれ1％、5％、10％水準で有意。

に従った国際的工程間分業の利益によるものであると思われる．垂直的直接投資の生産性の成長率へのプラスの影響は，強い学習効果を得られたことによるものであると考えられる．

ただし，AR（2）テストとHansenのJテストは「水準」の推計式で棄却され，System GMMの仮定が満たされていないことが示されている[40]．そこで，「水準」の推計式には，2期前と3期前のラグ項を独立変数に加えた推定も行った．結果は，(I)'式に示されている．Hansen Jテストの結果はよくないが，有意水準1％では棄却されない．今回は，水平的直接投資は有意ではなく，垂直的直接投資の効果は有意だが，その係数は小さい．なお，これ以降の「水準」の推計式については，2期前と3期前のラグ項を独立変数に加えた推定，すなわち，(I)'-(IV)'列に注目する．

次に，垂直的直接投資の変数を分解した結果をみてみよう．第一に，表7.4の（II）列と（VI）列は，垂直的直接投資の変数の代わりに川下部門変数 *Downstream* と川上部門変数 *Upstream* を変数として採用した回帰分析の結果である．川下部門変数は川下部門を海外に移転させた時に，それが自国の生産性にどのような影響を与えるのかを検証するもので，川上部門変数 *Upstream* は，川上部門 *Downstream* を海外に移転させた時に，それが自国の生産性にどのような影響を与えるのかを検証するものである．興味深いことに，川下部門変数 *Downstream* だけでなく，川上部門変数 *Upstream* もその係数はプラスで，かつ統計的に有意であると推計された．先進国が垂直的直接投資として，自国の川下部門を途上国に移転させることで，自国における川上部門の事業部門の生産性を向上させるのみならず，川上部門の海外移転によっても垂直分業による生産性上昇効果があることを意味する．表7.2でも確認したとおり，川上部門を海外に移転させ，川下部門を国内に残している企業が多数存在している．この場合，高い生産性は，垂直分業による規模の経済性によってもたらされているのであろう．さらに，（II）列に報告されているように水平的直接投資の変数の係数は正であるが，統計的に有意ではない．この結果から判断しても，水平的直接投資は自国の生産性の水準に与え

---

[40] AR（2）テストは2期のラグをとったモデルの推計においても棄却された．

る影響は頑健ではないといえる.

　第二に,表7.2に示されているように,日本の直接投資の多くが東アジア向けであることを踏まえて,東アジア向けの直接投資の影響に注目した.具体的には,(7.1),(7.2)式の直接投資変数の分子を,東アジアに立地した子会社の従業者数に限定した変数に置き換えた.なお,このように変数を作り変えることで,進出国先による労働者の質の違いをある程度コントロールできるものと期待される.さらに,多国籍企業の先進国での生産活動とその他の国での生産活動は2つの変数($FDI_{Developed}$ と FDI_{Others})を導入することにより調整している.$FDI_{Developed}$ と FDI_{Others} の変数の分子は,それぞれ先進国における労働者数,アジア以外の発展途上国における労働者数であり,分母は垂直的直接投資の変数の分母と同じである.結果は,(III)'列と(IV)'列に「水準」を対象にした分析結果が,(VII)列と(VIII)列に「成長」を対象にした分析結果が報告されている.垂直的直接投資に関連する変数の分析結果をみると,その傾向は,全世界の直接投資を対象とした変数と変わらないことがわかる.すなわち,日本の東アジアへの垂直的直接投資は自国にとどまった事業所の生産性にプラスの効果をもたらすと解釈できる.一方で,水平的直接投資の変数の係数は,一貫して,統計的に有意でない.水平的直接投資の自国の生産性への正の効果は,直接投資の受入国で得られる多国籍企業の知識のスピルオーバー効果によるものであるが,そのようなスピルオーバー効果はたいてい先進国において得られるものである.よって,東アジア向けの水平的直接投資が自国の生産性に影響を及ぼしていないという分析結果は,理論的な予測とも整合的であるといえる.

　最後に,上記の推計式における問題点を整理し,結果の頑健性について議論しておきたい.表7.1の例を再度思い出されたい.われわれの,直接投資の「特徴1」を基準に直接投資を定義する方法論では,外国の川上部門の事業所(C)を自国の川上部門の事業所(A)にとっての水平的直接投資とみなし,自国の川下部門の事業所(B)にとっての垂直的直接投資とみなした.つまり,もし多国籍企業が自国に川下部門と川上部門の両方の事業所を所有している場合は,海外に立地する事業所は,理論上は水平的直接投資としての効果と垂直的直接投資としての効果の両方を持ち合わせていることになる

（国内で垂直統合を行っている多国籍企業）．そのような二重計上は，*Horizontal*変数と*Vertical*変数の両方に予期せぬバイアスを生じさせる可能性がある．実際のところ「国内で垂直統合している多国籍企業」はごく少数であるが[41]，こうした問題を回避した推計を検討しておくことには十分意義があるだろう．

この問題を考えるにあたり，7.2節で紹介した直接投資の「特徴2」を考慮し，以下のような対処法をとった．まず，それぞれの海外現地法人の主たる出荷先を基準に水平的直接投資と垂直的直接投資に分類する．主たる出荷先が進出国の市場である場合は水平的直接投資，そうでなければ垂直的直接投資に分類する．次に，海外現地法人の労働者を企業アクティビティ別，直接投資のタイプ別，国別，年別に合計する．以上のような合計した労働者数は，それぞれ，$L_{ij}^{r,FDI}, FDI \in \{HFDI, VFDI\}$と表記する．もっとも，当然のことだが，$L_{ij}^r = L_{ij}^{r,HFDI} + L_{ij}^{r,VFDI}$が成り立つ．これらの3つの変数を用いて，再度直接投資変数を構築する．計算式は以下の通りである．

$$Horizontal_{ij} = \frac{\sum_{r \in R_O} L_{ij}^{r,HFDI}}{\sum_{r \in R} L_{ij}^r}, \quad Vertical_{ij} = \frac{\sum_{r \in R_O} \sum_{k \in S_j} L_{ik}^{r,VFDI}}{\sum_{j \in S} \sum_{r \in R} L_{ij}^r}.$$

これらの変数を用いて，水平的直接投資と垂直的直接投資の純粋な影響の大きさを検証する．

分析結果は表7.5にまとめられている．以下，特筆すべき点を2点，指摘したい．第1は，*Horizontal*変数の係数は統計的に有意ではなく，水平的直接投資の生産性に対する影響は不明瞭であるという点である．水平的直接投資は，理論的にもその影響は曖昧であったが，これと整合的に，生産性水準という点においても，生産性成長という点においても頑健な正の影響を与えていないと結論づけることができる．第2に，垂直的直接投資は自国の生産性水準にも生産性成長にもロバストな正の影響を与えているということがわかった．この点も，理論分析における結論と整合的である．ただし，アジア

---

[41]「国内で垂直統合を行っている多国籍企業」の，すべての多国籍企業に対する割合は約10％である．

表7.5 TFPへの影響：頑健性テスト

	Level				Growth			
	(I)	(II)	(III)	(IV)	(V)	(VI)	(VII)	(VIII)
Dependent Var. (t-1)	0.783	0.784	0.772	0.776	-0.149	-0.149	-0.152	-0.156
	[49.92]***	[46.53]***	[46.69]***	[44.70]***	[-9.92]***	[-8.63]***	[-9.01]***	[-9.18]***
Dependent Var. (t-2)	0.161	0.154	0.162	0.153				
	[9.11]***	[7.49]***	[7.91]***	[6.90]***				
Dependent Var. (t-3)	0.111	0.128	0.117	0.125				
	[6.63]***	[6.69]***	[6.53]***	[6.83]***				
$FDI_{Developed}$ (t-1)			-0.004	-0.004			-0.002	-0.002
			[-1.27]	[-1.17]			[-1.25]	[-1.08]
FDI_{Others} (t-1)			0.039	0.038			0.042	0.040
			[1.85]*	[1.80]*			[3.26]***	[3.11]***
Horizontal (t-1)	-0.027	-0.041			-0.025	-0.026		
	[-0.92]	[-1.27]			[-0.82]	[-0.84]		
Vetical (t-1)	0.101				0.134			
	[1.90]*				[2.49]**			
Upstream (t-1)		0.152				0.199		
		[1.54]				[2.65]***		
Downstream (t-1)		0.097				0.109		
		[2.28]**				[2.31]**		
$Horizontal_{Asia}$ (t-1)			-0.004	-0.033			0.052	0.029
			[-0.10]	[-0.74]			[1.15]	[0.65]
$Vertical_{Asia}$ (t-1)			0.142				0.130	
			[2.33]**				[2.34]**	
$Upstream_{Asia}$ (t-1)				0.201				0.196
				[2.06]**				[2.20]**
$Downstream_{Asia}$ (t-1)				0.048				0.087
				[0.92]				[1.63]
Year Dummy	Yes	Yes	Yes	Yes	Yes	Yes	Yes	Yes
No. Observations	23,977	23,977	23,977	23,977	27,985	27,985	27,985	27,985
No. Firms' Activities	3,242	3,242	3,242	3,242	3,682	3,682	3,682	3,682
Hansen J (p-value)	0.021	0.088	0.064	0.248	0.294	0.560	0.286	0.415
AR(2) (p-value)	0.583	0.364	0.626	0.441	0.403	0.461	0.405	0.365

注：括弧内はＺ値．＊＊＊，＊＊，＊はそれぞれ1％，5％，10％水準で有意．

向け直接投資で垂直的直接投資の変数をUpstreamとDownstreamに分解した場合，統計的に有意であったのはUpstreamのみであったが，それぞれの変数の係数は正であった．近年，電気機械製品の生産工程はより複雑になっているため，より多品種の電子部品が必要とされるようになっているといわれている．そうすると，おのおのの電子部品の生産規模は小さくなり，川上部門の事業所にとって，規模の経済を実現することは以前に比べて難しくなっていると考えられる．（IV）行と（VIII）行の分析結果は，そのような最近の電気機械産業における変化を示唆しているのかもしれない．

7.5 結論

本章では，わが国の電機機械産業における対外直接投資が，自国の製造部門の生産性に与える影響を企業別・事業部門のデータを用いて分析した．本研究では，先行研究とは対照的に，理論的予測と整合的な結果，すなわち，垂直的直接投資は日本国内の事業部門の生産性の水準も成長率も大きく上昇させる効果を持つ一方で，水平的直接投資にはそのような効果はない，という結論を得た．こうした結果は，企業事業部門別のデータを用い，国際分業パターンを明示的に扱うことにより，導かれたと考えられる．一方，先行研究においては，直接投資と生産性変化の間に明瞭な関係を見出していなかった．これは，多国籍企業の場合，通常，国内に複数の部門を抱えているため，直接投資と関係しない事業部門の生産性変動が，対外直接投資による生産性の向上を覆い隠しているものと想像される．

最後に，本研究の残された課題を指摘し，本章の結びとしたい．まず，直接投資のタイプをさらに詳細に考慮する必要がある．近年，直接投資の理論は3国モデル（伝統的な2国モデルではなく）のフレームワークで再構築されつつある（Ekholm et al., 2007; Grossman et al., 2006; Yeaple, 2003）．特に，伝統的な垂直的直接投資という概念は「純粋な（pure）」垂直的直接投資と，「複雑な（complex）」垂直的直接投資に概念的に分割されつつある．前者のタイプは生産の工程間分業による労働の再分配効果をもたらすものであり，後者のタイプは2国以上の直接投資受入国と直接投資国という3国以上の国を想定して理論化されたものである．本章ではそのようなさらなる垂直的直接投資の分類は行っていないが，それら2つの直接投資で自国の企業の生産性に与える影響が異なってくるというのは当然のことである．労働の再分配効果をもたらす直接投資の相手国の数が増加してもなお，国内にとどまった事業所の生産性が向上するか否か考えることの意義は大きい．

第7章・補論1　データ構築

本章で使用したデータは「工業統計調査」，「企業活動基本調査」，そして「海外事業活動基本調査」（以上，すべて経済産業省）の個票データを再編加工し

第7章　垂直的海外直接投資と国内の自国企業の生産性

たものである．ここではデータの出所とデータセットの作成方法について簡単に説明する．

A）　工業統計調査

「工業統計調査」は製造業に属する事業所の基本調査であり，古くは1868年（明治元年）にまで遡ることができる．この調査は日本の基本工業分類にしたがって，製造業のすべての事業所を調査したものである．この調査はすべての事業所を対象に下1桁が0，3，5，そして8の年に行われる．それ以外の年には，従業員の数が4人以上の事業所を対象に同様の調査が行われる．従業員の数にしたがって，甲票（従業員が30人以上の事業所），乙票（従業員が29人未満の事業所）の調査票が用いられる．事業所の総数は2003年で504,530にのぼる．なお，そのうち甲票（従業員が30人以上の事業所）に分類される事業所の数は46,284である．

この調査で得られる代表的な指標は，出荷額，有形固定資産，減価償却，労働者数，原材料使用額，エネルギー使用額などである．しかし，乙票（従業員が29人未満の事業所）において有形固定資産額や減価償却などの情報が得られる事業所は，従業員数10人以上に限られる．また，2000年以降は，従業員の数が29人以下の事業所においては，それらの情報は5年おきにしか入手できなくなってしまう．「工業統計調査」に関するさらに詳しい情報は「工業統計調査」の「調査の目的」を参照されたい[42]．

個票データ利用については，2007年時点で，1980年以降の従業員数が4人以上の事業所のデータが利用可能である[43]．それらのデータは10桁の分類コードで種別されており，10桁のコードは都道府県を示す2桁，市区町村を示す3桁，事業所を示す5桁からなる．このコードの変更を調整することで，

---

[42] 経済産業省のホームページからダウンロードできる．
http://www.meti.go.jp/statistics/tyo/kougyo/index.html
[43] 2000年までは，従業員数が4人未満の事業所については地方公共団体によって調査が行われ，データの蓄積も地方公共団体が担っていたため，工業統計調査がすべての事業所を対象に行われていた場合でも，我々のパネルデータは4人以上の事業所に限定されることになる．

1980年以降のデータを時系列データとして接続させたパネルデータを構築することが可能となる．ただし，市区町村のコードは市町村の合併・統合によってしばしば変更されている（市町村の統合・再編についての情報は総務省のホームページにリストアップされている）．さらに，事業所コードは5年ごとに改訂されており，1980～1981年，1986～1987年，1991～1992年，1997～1998年，そして2002～2003年に改訂されており，このうち，1987年，1992年，1998年，そして2003年の事業所コードのコンバーターがあるので，1981年から2003年までのパネルデータをつくることができる[44]．

B）　企業活動基本調査

「企業活動基本調査」は，経済産業省が実施している包括的な企業レベルの統計データである．この調査は1991年に始まり，1994年以降毎年調査が実施されている．この調査は，日本企業の国内事業活動および海外事業活動の展開，研究開発，開発，情報技術などにおける戦略について統計的に把握する目的で行われている．この調査の利点は，サンプルの数が多く，他の企業レベルの調査に比べて回収率が高い点にある．従業員数が50人以上，あるいは資本金が300万円以上の企業はすべて調査の対象となっている．鉱工業，製造業の企業は調査の対象とされているが，金融，保険，ソフトウェアなどのサービス業は対象とされていない．そして，この調査において，それぞれの企業は，サーベイの実施期間を通してそれぞれの固有の企業IDを持っており，管理されている．それゆえ，研究者がパネルデータを作成しやすくなっている．このサーベイの限界は，企業の財務情報や企業グループ情報は入手できない点や，従業員数が50人未満（または資本金が300万円未満）の企業は調査の対象になっていないことなどが挙げられる．企業数は例年20,000社を超えている．調査における主要な質問項目は「会社概要」，「事業活動および雇用」，「親会社および子会社」，「資産，負債，資本と投資」，「事業内容」，「取引」，「研究・開発」，そして「資本移転と技術移転」である．

---

[44] なお，工業統計のパネルデータは，新保一成，元橋一之，松浦寿幸，深尾京司，権赫旭，高橋睦春，大森民 により整備されたものである．データ整備の詳細については，元橋（2002），新保ほか（2004），Fukao et al.（2006），松浦ほか（2007）を参照．

分析にあたって，本研究では，「企業」の境界を，企業本体に加えて，100％出資の子会社にまで拡大している．企業活動基本調査では，個別決算ベースの数値が報告されているが，比較的規模の大きい企業では，生産部門が連結対象の別法人としてなっている場合が少なくない[45]．この場合，海外進出企業は規模の大きい企業であることを踏まえると，実際には，海外に進出している企業の国内生産部門として機能している生産子会社を独立した法人として扱うことになる．そういった生産子会社は，海外未進出の企業と定義されてしまうことになるので，直接投資の影響を受けないことになってしまう．このような誤差をなくすために，われわれは，企業の境界を企業本体と100％出資の子会社とした．

親会社と子会社を統合するためには，それぞれの企業の親企業と，親会社の企業コードを特定しなければならない．企業活動基本調査では，1997年以降，親会社が存在し，かつ，親会社が上場企業している場合に限って，親会社の証券番号を回答することを要請している．この情報をもとに，経済産業省（2007）は1997年から2003年までの企業活動基本調査における企業の親子間関係の特定化を行っている．

C) 海外事業活動基本調査

海外事業活動基本調査は，経済産業省による日本企業の海外における事業活動を把握することを目的とした調査であり，調査対象は，海外に子会社を持つすべての日本企業である．調査は2部構成になっており，一つは，3年ごとに行われる詳細なサーベイである「基本調査」であり，もう一つは，基本調査が行われない年に行われる傾向を把握するための「動向調査」である．日本企業の海外現地法人は，以下のように定義される；

1. 海外子会社：日本側出資比率が10％以上の外国法人
2. 海外孫会社：日本側出資比率が50％超の海外子会社が50％超の出資

---

[45] ソニーの有価証券報告書によると，バッテリー，半導体，ビデオカメラの国内生産は100％出資会社で行われていることがわかる．

を行っている外国法人

　海外事業活動基本調査から入手できる主な指標は，設立年，販売と購入の内訳，雇用，費用，研究・開発費などである．さらに詳しい情報は調査票を参照されたい[46]．

　2007年時点で，1985年から2003年までのミクロデータが入手可能である．ただし，海外事業活動基本調査には現地法人固有の企業IDコードが存在しない．したがって，パネルデータ作成のためには，現地法人の所在地，会社名称，設立年などの情報を手がかりに毎年の現地法人データをリンクさせる必要がある[47]．

D）データのリンケージについて

　本節では，これら3つのデータをどのようにリンクさせたのかを述べる．はじめに，工業統計の事業所データと企業活動基本調査の企業データをリンクさせた．これらはともに経済産業省で調査されたものであるが，それぞれの調査で別々の企業IDコードが使用されており，さらに両者の企業コードの対応表も作成されていないので，分析者がリンク作業を行う必要がある．そこで，われわれは，会社名称，電話番号，所在地などのデータをもとに工業統計のデータと企業活動基本調査のデータのマッチングを行った．対象とする期間は，工業統計の企業ID（企業名寄せ名簿）が保存されているのは1994年以降である．また，工業統計の企業IDコードは1996年から1997年にかけて大きく改訂されているが，その対応関係については，やはり資料が残されていないので，われわれは独自にその対応表も作成した．結果的には，企業活動基本調査に回答している企業で工場を所有する企業のうち，工業統計の事業所データをマッチングさせることができた企業の割合は95％にの

---

[46] 経済産業省のウェブサイトからダウンロードできる．
　http://www.meti.go.jp/english/statistics/tyo/kaigaizi/index.html
[47] 海外事業活動基本調査のパネル・データ・セットについての詳細な説明はKiyota et al.（2008）を参照．

ぼっており[48]，工業統計と企業活動基本調査のリンクの制度は十分に高いと考えられる．

次に，海外事業活動基本調査と企業活動基本調査のマッチングを行う．マッチングは，法人名，所在地や従業者数，業種などの企業情報に基づいて行っている．海外事業活動基本調査は金融，保険以外のすべての産業をカバーしているが，企業活動基本調査は鉱工業，製造業に加えて，卸小売業などのいくつかのサービス業に限定されている．それゆえ，海外事業活動基本調査のすべての企業が企業活動基本調査マッチングできるわけではない．

第7章・補論2　TFP指数の推計方法

総生産，中間投入，労働投入，デフレーター

実質総生産は，出荷額を産出デフレーターで実質化されたものとして定義し，中間投入は，原材料等使用額を投入デフレーターで実質化したものとして定義した．労働投入は労働者数合計を用いた．産出デフレーターと投入デフレーターはJIP database 2006 (Fukao et al., 2006) から入手した．

資本ストック

資本ストックはFukao et al. (2006) にならい，有形固定資産の名目簿価に産業レベルの資本の簿価の純ストックの比率（資本ストックの時価簿価比率）をかけて推計した．

費用シェア

総費用における労働コスト，中間財コスト，資本コストの比率が必要となる．労働コストは賃金総支払額で定義できる．中間財コストは原材料等使用

---

[48] 企業活動基本調査では，従業員数が50人以上，あるいは資本金が3,000万円以上の企業が調査の対象となっているため，小規模な事業所は企業レベルのデータにマッチングされない．工業統計で得られるすべての事業所データに対して，企業活動基本調査のデータをマッチングさせることができた事業所データの割合は10%程度である．詳細は，松浦ほか (2007) を参照のこと．

額を用いる．資本コストは実質純資本ストックと資本使用コスト P_K をかけて計算する．後者は次式で計算される：

$$P_K = P_I \left(r_t + \delta - \dot{P_I}/P_I \right),$$

ただし P_I は投資財の価格，r は利子率，δ は償却率である．投資財価格と償却率は JIP database 2006 の産業別資産別投資マトリックスと産業別資産別資本ストック・マトリックスから，各産業の平均資本財価格と平均償却率を計算している[49]．利子率（10年物国債の利回り）は日本銀行の金融経済月報より入手した．

---

[49] JIP database は投資と資本ストックのマトリックス表を 108 産業と 39 の資産の種類別に公開している．我々は，そこから投資財の加重平均した物価指数と減価償却率を産業別に計算した．

おわりに

　本書は，前半では，近年の海外直接投資の動向を概観し，海外直接投資が投資国・被投資国の経済に及ぼす影響についての理論・実証研究を紹介し，また後半では，わが国企業の間で広くみられる工程間分業を伴う海外直接投資のメカニズム，そして，その国内生産への影響についての実証分析を紹介した．いずれの研究においても，かつては国レベル，あるいは産業レベルのデータを用いた実証分析が主流であったが，ここ十数年の間に企業レベルの実証研究が増加してきている．また，理論研究も，こうした実証研究の潮流を反映して同一産業内の企業間格差に注目した分析が活発に行われるようになってきている．さらに，最近の実証研究からは，直接投資は，さまざまな経路を通じて投資国，被投資国の経済にポジティブな影響をもたらす可能性があることが示されている．

　また，第1章，および第2章でわが国の海外直接投資の特徴として，途上国向けの投資が多く，活発に企業内取引が行われていることを指摘したが，第6章と第7章の理論・実証研究では，日本企業のアジア諸国向けの直接投資の拡大メカニズムと，その国内への影響について分析した．第6章では，企業の生産性に関する異質性と水平的直接投資のモデルを垂直的直接投資に適用した．これにより，東アジア地域における貿易自由化が工程間分業を伴う海外直接投資の生産性カットオフを引き下げ，直接投資企業の裾野を広げたことを確認した．さらに第7章では，電気機械製造業の工場レベルのデータと海外子会社データを接続し，海外生産の拡大と国内製造部門の生産性の向上について分析した．国内と海外で同じ製品を生産する直接投資を水平的直接投資，海外で川上，あるいは川下の製品を生産する場合を垂直的直接投資とみなしたとき，垂直的直接投資の場合，国内生産部門の生産性が改善する傾向にあることが示された．後者の分析結果は，海外直接投資を促進することが経済成長戦略を考える上での重要な政策目標となることになることを

示唆するものである．ただし，こうした正の効果がどのようなときに得られるのか，また，正の外部効果をもたらすような直接投資を促すにはどのような政策が有効であるかなどについては十分に検討されておらず，研究の蓄積が必要であるといえる．

　最後に，これまでの諸研究を踏まえて，今後の海外直接投資の動向を分析する上では重要な未解決の四つの課題について触れておきたいと思う．第一に，より柔軟な理論設定の導入である．たとえば，従来の研究では企業間の相互依存関係が無視されている．これは，従来のモデルの多くが独占的競争モデルを下地にしているためである．こうした視点を考慮するためには，寡占市場でよくみられる企業間の戦略的行動の分析が必要である．また，貿易モデルで導入が試みられている非相似拡大型（non-homothetic）の効用関数の導入なども検討の余地がある．さらには，空間経済学の分野で開発されてきた理論的枠組みについても，今後導入が進んでいくと思われる．第二は，海外直接投資の固定費，可変費用の数量的な把握である．特に発展途上国などでは様々な投資優遇政策が行われているが，こうした政策を評価するためには固定費や可変費用を計測する枠組みを開発することが必要である．第三に，2カ国以上の国・地域に進出する企業に関する分析の拡張である．本書の第2章で紹介した通り2カ国以上に進出する企業のモデル化が進んでいるが，これに企業の異質性を導入したり，さらに進出先が増加した際に雇用や生産性にどのような変化がもたらされるかなどの分析が必要である．第四に，より詳細なデータの開発，たとえば，多国籍企業に属する工場レベルの分析，企業情報と従業者情報をリンクしたEmployer-Employee Matched Data,企業間の取引関係のデータ，あるいは品目レベルの国内出荷・輸出・輸入データなどの詳細なデータベースを開発し，分析していくことが重要である[50]．これまでの多くの研究は企業レベルのデータを用いているが，一般に多国籍企業は複数の事業所を所有し，中には複数の事業を抱えている企業も少なくない．企業の成果指標と外部環境変化についての分析では，どうして

---

[50] 企業間取引データについては第5節で紹介したIto and Tanaka (2014), Employer-Employee Matched DataについてはPoole (2013) が，数少ない例外である．

も企業内部で実際にどのような変化が起こっているかは明らかにできない．多国籍企業の経済活動の影響を分析するためには，より詳細なデータベースの構築が不可欠となると考えられる．

参考文献

伊藤恵子・深尾京司，2003，「対日直接投資の実態：『事業所・企業統計調査』個票データに基づく実証分析」岩田一政編『日本の通商政策とWTO』日本経済新聞社，pp. 187-229.

清田耕造，2014，「対日直接投資の論点と事実：1990年代以降の実証研究のサーベイ」*RIETI Policy Discussion Paper*, 14-P-007.

経済産業省経済産業政策局調査統計部企業統計室，2007，『企業活動基本調査パネルデータを活用した企業グループの多角化行動に関する調査研究』

黒澤昌子，2005，「積極的労働政策の評価—レビュー—」『フィナンシャル・レビュー』第3号 pp. 197-220.

佐藤仁志・大木博巳，2012，「直接投資と経済の国際化」岡崎哲二編著『通商産業政策史3 産業政策1980-2000』経済産業調査会，pp. 473-566.

新保一成，高橋睦春，大森民，2004，「工業統計パネルの作成—産業構造データベースの一環として—」*RIETI Policy Discussion Paper* 05-P-001.

戸堂康之，2008，『技術伝播と経済成長』勁草書房.

冨浦英一，2014，『アウトソーシングの国際経済学』日本評論社.

深尾京司・天野倫文，2004，『対日直接投資と日本経済』日本経済新聞社.

深尾京司・程勲，1997，「日本企業の海外生産活動と貿易構造」浅子和美・大瀧雅之編『現代マクロ経済動学』東京大学出版会，pp. 415-444.

深尾京司・袁堂軍，2001，「日本の対外直接投資と空洞化」*RIETI Discussion Paper*, 01-J-003.

松浦寿幸，2004，「日系海外現地法人の経済活動規模，および販売・調達動向の推計」『経済統計研究』32(4)，pp. 1-16.

松浦寿幸，早川和伸，須賀信介，2007，「工業統計・事業所データと企業情報のリンケージについて—グローバルな立地選択分析にむけて—」『経済統計研究』35(2)，pp. 1-16.

松浦寿幸・早川和伸・小橋文子，2008，「日本企業の海外進出パターンと国際分業の実態について」『経済統計研究』36(4)，pp. 65-78.

若杉隆平，2011，『現代日本企業の国際化』岩波書店.

Ai, C. R., and E. C. Norton, 2003. Interaction terms in logit and probit models, *Economics Letters*, 80(1), pp. 123-129.

Antras, P., 2003, Firms, Contracst and Trade Structure, *Quarterly Journal of Economics*, 118(4), pp. 1375-1418.

Antras, P., and Helpman, E., 2004, Global Sourcing, *Journal of Political Economy*, 112(3), pp. 552-580.

Aitken, B., and Harrison, A., 1999, Do Domestic Firms Benefit from Direct Foreign Investment? Evidence from Venezuela, *American Economic Review*, 89(3), pp. 605–618.

Alfaro, L., Chanda, A., Kalemli-Ozcan, S., and Sayek, S., 2004, FDI and Economic Growth: The Role of Local Finical Market, *Journal of International Economics*, 64(1), pp. 89–112.

Aw, B. Y., and Y. Lee, 2008, Firm heterogeneity and location choice of Taiwanese multinationals, *Journal of International Economics*, 75, pp. 167–179.

Balasubramanyam, V. N., Salisu, M., and Sapsford, D., 1996. Foreign Direct Investment and Growth in EP and IS Countries, *Economic Journal*, 106(434), pp. 92–105.

Baldwin, R., Braconier, H., and Forslid, R., 2005 Multinationals, Endogenous Growth and Technological Spillover: Theory and Evidence, *Review of International Economics*, 13, pp. 945–963.

Baldwin, R., and Okubo, T., 2012, Networked FDI: Sales and Sourcing Patterns of Japanese Foreign Affiliates, *RIETI Discussion Paper*, 12-E-027.

Baldwin, R., and Okubo, T., 2013 Networked FDI: Sales and sourcing patterns of Japanese foreign affiliates. *World Economy*, 37(8), pp. 1051–1080.

Banga, R., 2003, *Do Productivity Spillovers from Japanese and US FDI differ?*, mimeograph, Delhi School of Economics.

Basile, R., Castellani, D., and Zanfei, A., 2008, Location Choices of Multinational Firms in Europe: the Role of EU Cohesion Policy, *Journal of International Economics*, 74(2), pp. 328–340.

Basile R., Castellani, D., and Zanfei, A., 2009, National Boundaries and the Location of Multinational firms in Europe, *Papers in Regional Science*, 88(4), pp. 733–748.

Belderbos, R., 1997. Antidumping and tariff Jumping: Japanese firms' DFI in the European union and the United States, *Review of World Economics*, 133(3), pp. 419–457.

Belderbos, R., and Carree, M., 2002. The Location of Japanese Investments in China: Agglomeration Effects, Keiretsu, and Firm Heterogeneity, *Journal of the Japanese and International Economies*, 16(2), pp. 194–211.

Bernard. A. B., and Jensen. J. B, 1999, Exceptional exporter performance: cause, effect, or both?, *Journal of International Economics*, 47(1), pp. 1–25.

Blundell, R., and Bond, S., 1998, Initial Conditions and Moment Restrictions in Dynamic Panel Data Models, *Journal of Econometrics*, 4, pp. 115–143.

Blalock, G., and Gertler, P., 2008, Welfare Gains from Foreign Direct Investment through Technology Transfer to Local Suppliers, *Journal of International Economics*, 74(2), pp. 402–421.

Blonigen, B., 2001, In search of Substitution between foreign production and exports, *Journal of International Economics*, 53, pp. 81–104.

Blonigen, B., 2002, Tariff-jumping Antidumping Duties, *Journal of International Economics*, 57(1), pp. 31–49.

Blonigen, B. A., Ellis, C. J., and Fausten, D., 2005, Industrial groupings and foreign direct investment, *Journal of International Economics*, 65(1), pp. 75–91.

Blonigen, B. A., Davies, R., and Head, K., 2003, Estimating the Knowledge Capital Model of the Multinational Enterprise: comment, *American Economic Review*, 93(3), pp. 980–994.

Borensztein, E., De Gregorio, J., and Lee, J-W. 1998, How does Foreign Direct Investment Affect Economic Growth?, *Journal of International Economics*, 45, pp. 115–135.

Brainard, S. L. 1993, A Simple Theory of Multinational Corporations and Trade with a Trade-off Between Proximity and Concentration, *NBER working paper*, No. 4269.

Brainard, S. L. 1997, An Empirical Assesment of the Proximity-Consentration Trade-off Between Multinational Sales and Trade, *American Economic Review*, 87(4), pp. 520–44.

Branstetter, Lee. 2006, Is Foreign Direct Investment a Channel of Knowledge Spillover? Evidence from Japan's FDI in the United States, *Journal of International Economics*, 68(2), pp. 325–344.

Bustos, P., 2011, Trade Liberalization, Exports, and Technology Upgrading: Evidence on the Impact of MERCOSUR on Argentinian Firms, *American Economic Review*, 101(1), pp. 304–40.

Castellani, D., Mariotti, I., and Piscitello, L., 2008, The Impact of Outward Investments on Parent Company's Employment and Skill Composition: Evidence from the Italian Case, *Structual Change and Economic Dynamics*, 19(1), pp. 81–94.

Caves, D., Christensen, L., and Diewert, W., 1982, Output, Input and Productivity Using Superlative Index Numbers, *Economic Journal*, 92, pp. 73–96.

Caves, D., Christensen, L., and Tretheway, M., 1983, Productivity Performance of U.S. Trunk and Local Service Airline in the Era of Deregulation, *Economic Inquire*, 21, pp. 312–324.

Carr, D., Markusen, J., and Maskus, K., 2001, Estimating The Knowledge-Capital Model of the Multinational Enterprise, *American Economic Review*, 91(3), pp. 693–708.

Clausing K., 2000, Does Multinational Activity Displace Trade?, *Economic Inquiry*, 38, 2, pp. 190–205.

Chang, K-I., Hayakawa, K., and Matsuura, T., 2014, Location Choice of Multinational Enterprises in China: Comparison between Japan and Taiwan, *Papers in Regional Science*, 93(3), pp. 521–537.

Chen, M., and Moore, 2011, Location Decision of Heterogeneous Multinationals, *Journal of International Economics*, 80, pp. 188–199.

Chuan, Y. and Lin, C., 1999, Foreign Direct Investment R&D and Spillover Efficiency: Evidence from Taiwan's Manufacturing Firms, *Journal of Development Studies*, 35(4), pp. 117–137.

Combes, P., Mayer, T., Thisse, J-F., 2008, *Economic Geography*, Princeton and Oxford, Princeton University Press.

Crespo, N., and Fontoura, M. P., 2007, Determinant Factors of FDI Spillovers—What Do We Really Know?, *World Development*, 35(3), pp. 410–425.

Driffield, N., Munday, M., and Roberts, A., 2002, Foreign Direct Investment, Transactions Linkages, and the Performance of the Domestic Sector, *International Journal of the Economics of Business*, 9(3), pp. 335–351.

Deardorff, A., 2001, Fragmentation in simple trade models, *North American Journal of Economics and Finance*, 12(2), pp. 121–137.

Devereux, M. P., Griffith, R., and Simpson, H., 2007, Firm Location Decisions, Regional Grants and Agglomeration Externalities, *Journal of Public Economics*, 91(3-4), pp. 413–435.

Disdier, A-C., and Mayer, T., 2004, How Different is Eastern Europe? Structure and Determinants of Location Choices by French Firms in Eastern and Western Europe, *Journal of Comparative Economics*, 32(2), pp. 280–296.

Dunning, J., 1981, Explaining the International direct Investment Position of Countries: Towards a Dynamic or Development Approach, *Review of International Economics*, 117(1), pp. 30–64.

Durham, J. B., 2004, Absorptive Capacity and the Effects of Foreign Direct Investment and Equity Foreign Portfolio Investment on Economic Growth, *European Economic Review*, 48(2), pp. 285–306.

Eaton, J., and Tamura, A., 1994, Bilateralism and Regionalism in Japanese and U.S. Trade and Direct Foreign Investment Patterns, *Journal of the Japanese and International Economies*, 8, pp. 478–510.

Ekholm, K., Forslid, R., and J. Markusen, 2007, Export-platform Foreign Direct Investment, *Journal of the European Economic Association*, 5(4), pp. 776–795.

Fukao, K., Hamagata, S., Inui, T., Ito, K., Kwon, H., Makino, T., Miyagawa, T., Nakanishi, Y., and Tokui, J., 2006, Estimation Procedures and TFP Analysis of the JIP Database 2006, *RIETI, Discussion Paper*, No. 07-E-003.

Fukao, K., Kim, Y. K., and Kwon, H. U., 2006, Plant Turnover and TFP Dynamics in Japanese Manufacturing, *Hi-Stat Discussion Paper Series*, No. 180.

Fukao, K., H. Ishido and K. Ito, 2003, Vertical intra-industry trade and foreign direct investment in East Asia, *Journal of the Japanese and International Economics*, 17, pp. 468–506.

Fukao, K., and Ito, Keiko., 2003, Foreign Direct Investment and Se3rvice Trade: The Case of Japan, IN: Ito, T., and Krueger, A., eds. *Trade in Services in the Asia-Pacific Region: East Asia Seminar on Economics Volume 11*, The University of Chicago, Chicago.

Good, D., Nadri, I., Roeller, L., and Sickles, R., 1983, Efficiency and Productivity Growth Comparisons of European and U.S Air Carriers: A First Look at the Data, *Journal of Productivity Analysis*, 4, pp. 115–125.

Girma, S., 2005, Absorptive Capacity and Productivity Spillovers from FDI: A Threshold Regression Analysis, *Oxford Bulletin of Economics and Statistics*, 67(3), pp. 281–306.

Girma, S., Greenaway, D., and Wakelin, K., 2001, Who Benefits from Foreign Direct Investment in the UK?, *Scottish Journal of Political Economy*, 48(2), pp. 119–133.

Girma, S. and Wakelin K., 2007, Local Productivity Spillovers form Foreign Direct Investment in the U.K. Electronics Industry, *Regional Science and Urban Economics*, 37(3), pp. 399–412.

Girma, S., Gorg, H., and Pisu, M., 2008, Exporting, Linkages and Productivity Spillovers from Foreign Direct Investment, *Canadian Journal of Economics*, 41(1), 2008, pp. 320–340.

Girma, S., Greenaway, D., and Kneller., R., 2004, Does Exporting Increase Productivity? A Microeconometric Analysis of Matched Firms, *Review of International Economics*, 12(5), pp. 855–866.

Girma, S., Thompson, S., and Wright, P. T., 2002, Why Are Productivity and Wages Higher in Foreign Firms, *Economic and Social Review*, Vol. 33, No. 1, pp. 93–100.

Gorg, H., and Greenaway, D., 2004, Much Ado about Nothing? Do Domestic Firms Really Benefit from Foreign Direct Investment?, *The World Bank Research Observer*, 19(2), pp. 171–197.

Grossman, G., Helpman, E., and Szeidl, A., 2006, Optimal Integration Strategies for the Multinational Firm, *Journal of International Economics*, 70, pp. 216–238.

Grossman, S., and Hart, O., 1986, The Costs and Benefits of Ownership: A Theory of Vertical and Lateral Integration, *Journal of Political Economy*, 94(4), pp. 691–719.

Haddad, G. and Harrison, M., 1993, Are There Positive Spillovers from Direct Foreign Investment? Evidence from panel data of Morocco, *Journal of Development Economics*, 42(1), pp. 51–74.

Halpern, L. and B. Murakozy, B., 2007, Does Distance Matter in Spillover?, *Economics of Transition*, 15(4), pp. 785–805.

Hanson, G., Mataloni, R. J., and Slaughter, M., 2005, Vertical Production Networks in Multinational Firms, *Review of Economics and Statistics*, 87(4), pp. 664–678.

Harris, R., and C. Robinson, 2004, Productivity Impacts and Spillovers from Foreign Ownership in the United Kingdom, *National Institute Economic Review*, 187(5), pp. 58–75.

Harris, C. D., 1954. The market as a factor in the localization of industry in the United States, *Annals of the Association of American Geographers*, 44, pp. 315–348.

Harisson, A., and McMillan, M., 2011, Offshoring Jobs? Multinationals and US—Manufacturing Employment, *Review of Economics and Statistics*, 93(3), pp. 857–875.

Hayakawa, K., Matsuura, T., 2011, Complex Vertical FDI and heterogeneity: Evidence from East Asia, *Journal of the Japanese and International Economies*, 25(3), pp. 273–289.

Hayakawa, K., Matsuura, T., Motohashi, K., and Obashi, A., 2013, Two-Dimensional Analysis of the Impact of Outward FDI on Performance at Home: Evidence from Japanese Manufacturing Firms, *Japan and the World Economy*, 27, pp. 25–33.

Head, K., and Ries, J, 2001, Oversea Investment and Firm Exports, *Review of International Economiocs*, 9(1), pp. 108–122.

Head, K., and Ries, J, 2002, Offshore Production and Skill Upgrading by Japanese Manufacturing Firms, *Journal of International Economics*, 58(1), pp. 81–105.

Head, K., and Mayer, T., 2004, Market Potential and the Location of Japanese Investment in the European Union, *Review of Economics and Statistics*, 86(4), pp. 959–972.

Head, K., Ries, J., and Swenson, D., 1995. Agglomeration benefits and location choice: Evidence from Japanese manufacturing investments in the United States, *Journal of International Economics*, 38(3–4), pp. 223–247.

Head, K., Ries, J., and Swenson, D., 1999, Attracting Foreign Manufacturing: Investment Promotion and Agglomeration, *Regional Science and Urban Economics*, 29(2), pp. 197–218.

Helpman, E., 1984, A Simply Theory of International Trade with Multinational Corporations, *Journal of Political Economy*, 92(3), pp. 451–71.

Helpman, E., Melitz, M., and Yeaple, S., 2004, Export versus FDI with Heterogeneous Firms, *American Economic Review*, 94(1), pp. 300–316.

Hijzen, A., Inui, T., and Todo, Y., 2010, Does Offshoring Pay? Firm-Level Evidence from Japan, *Economic Inquiry*, 48(4), pp. 880–895.

Hijzen, A., Jean, S., and Mayer, T., 2011, The effects at home of initiating production abroad: evidence from matched French firms, *Review of World Economics*, 147(3), pp. 457–483.

Hummels, D., Ishii, J., and Yi, K., 2001, The Nature and Growth of Vertical Specialization in World Trade, *Journal of International Economics*, 54, pp. 75–96.

Hyun, H. J., and Hur, J., 2013, Who Goes Where and How? Firm Heterogeneity in the Choice of FDI Type and Location, *Asia Pacific Economic Literature*, 27(2), pp. 144–158.

Ito, K., and Lechevalier, S., 2009, The evolution of the productivity dispersion of firms: a re-evaluation of its determinants in the case of Japan, *Review of World Economics*, 145(3), pp. 405–429.

Ito, K., and Tanaka, A., 2014, The Impact of Multinationals' Oversea Expansion on Employment at Suppliers at Home: New Evidence from firm-level Transaction Relationship Data for Japan, *RIETI Discussion Paper*, 14-E-011.

Javorcik, B. S., 2004, Dose Foreign Direct Investment Increase the Productivity of Domestic Firms? In Search of Spillovers through Backward Linkages, *American Economic Review*, 94(3), pp. 605-627.

Jones, R., and Kierzkowski, H., 1990, The Role of Services in Production and International Trade: A Theoretical Framework, IN: Jones, R., and Krueger, A., eds, *The Political Economy of International Trade*, Blackwell.

Karpaty, P. and Lundberg, L., 2004, Foreign Direct Investment and Productivity Spillovers in Swedish Manufacturing, *FIEF Working Paper Series*, No.194.

Keller, W., and Yeaple. S. R., 2013, The Gravity of Knowledge, *American Economic Review*, 103(4), pp. 1414-44.

Kimino, S., Driffield, N., and Saal, D., 2012, Do Keiretsu really hinder FDI into Japanese manufacturing?, *International Journal of the Economics of Business*, 19(3), pp. 377-395.

Kimura, F., and Kiyota, K., 2006, Exports, FDI and Productivity: Dynamic Evidence from Japanese Firms, *Review of World Economics*, 142(4), pp. 695-719.

Kimura, F., Takahashi, Y., and Hayakawa, K., 2007. Fragmentation and parts and components trade: Comparison between East Asia and Europe. *North American Journal of Economics and Finance*, 18(1), pp. 23-40.

Kinoshita, Y., 2001, R&D and Technology Spillovers via FDI: Innovation and Absorptive Capacity, *CEPR Discussion Paper*, No. 2775.

Kiyota, K., and Matsuura, T., 2006, Employment of MNEs in Japan: New Evidence, *RIETI Discussion Paper*, 06-E-014.

Kiyota, K., Matsuura, T., Urata, S., and Wei, Y., 2008, "Reconsidering the Backward Vertical Linkage of Foreign Affiliates: Evidence from Japanese Multinationals", *World Development*, 36(8), pp. 1398-1414.

Kambayashi, R., and Kiyota, K., 2014, Disemployment caused by Foreign Direct Investment? Multinationals and Japanese Employment, *forthcoming Review of World Economics*.

Kneller, R., McGowan, D., Inui, T., and Matsuura, T., 2012, Globalization, Multinationals and Productivity in Japan's Lost Decade, *Journal of the Japanese and International Economics*, 26(1), pp. 110-128.

Kokko, A., Tansini, R., and Zejan, M., 1996, Local Technological Capability and Productivity Spillovers from FDI in the Uruguayan Manufacturing Sector, *Journal of Development Studies*, 32, pp. 602-611.

Lawrence, R., 1993, Japan's Low Levels of Inward Investment: The Role of Inhibitions on Acquisitions, IN: Froot, K., ed. *Foreign Direct Investment*, Chicago, the University of

Chicago Press.

Levinsohn, J., and Petrin, A., 2003, Estimating production functions using inputs to control for unobservables, *Review of Economic Studies*, 70, pp. 317−341.

Lileeva, L., and Trefler, D., 2010, Improved Access to Foreign Markets Raises Plant-Level Productivity... for Some Plants, *Quarterly Journal of Economics*, 125(3), pp. 1051−1099.

Lipsey, R., and Weiss, Y., 1981, Foreign Production and Exports in Manufacturing Industries, *Review of Economics and Statistics*, 63(4), pp. 488−494.

Li, X., and Liu., 2005, Foreign Direct Investment and Economic Growth: An Increasingly Endogenous Relationship, *World Development*, 33(3), pp. 393−407.

De Loecker, J., 2007, Do Exports Generate Higher Productivity? Evidence from Slovenia, *Journal of International Economics*, 73(1), pp. 69−98.

Maddala, G. S., 1983, *Limited-Dependent and Qualitative Variables in Econometrics*, Cambridge University Press, Cambridge UK.

Markusen, J., 1984, Multinationals, Multiplant Economies, and the Gain from Trade, *Journal of International Economics*, 16(3−4), pp. 205−26.

Markusen, J., 2002, *Multinational Firms and the Theory of International Trade*, Boston, MIT Press.

Markusen, J., and Maskus, K., 2001, Discriminating among Alternative Theories of the Multinational Enterprises, *Review of International Economics*, 10(4), pp. 694−707.

Markusen, J., and Maskus, K., 2002, Multinational Firms: Reconciling Theory and Evidence, IN: Blomstrom, M., and Goldberg, L., eds, *Topics in Empirical International Economics: A Festschrift in Honor of Robert E. Lipsey*, Chicago, University of Chicago Press.

Matsuura, T., Motohashi, K., and Hayakawa, K., 2008, How Does FDI in East Asia Affect Performance at Home?: Evidence from Electrical Machinery Manufacturing Firms, *RIETI Discussion Paper*, 08-E-034.

Mayer, T., Mejean, I., and Nefussi, B., 2010, The Location of Domestic and Foreign Production Affiliates by French Multinational firms, *Journal Urban Economics*, 68(2), pp. 115−128.

Mayer, T., and Ottaviano, G. I., 2008, The Happy Few: The Internationalisation of European Firms, *Intereconomics: Review of European Economic Policy*, 43(3), pp. 135−148.

Melitz, M. J., 2003, The Impct of Trade on Intra-Industry Reallocation and Aggregate Productivity, *Econometrica*, 71(6), pp. 1695−1725.

Motohashi, K., 2001, Development of Longitudinal Micro-Datasets and Policy Analysis for Japanese Industrial Sectors, *RIETI Discussion Paper*, 01-E-007.

De Mello, Jr., and Luiz, R., 1999, Foreign Direct Investment-Led Growth: Evidence from Time Series and Panel Data, *Oxford Economic Papers*, 51(1), pp. 133−151.

Navaretti, B., and Castellani, D., 2004, Investments abroad and Performance at Home: Evidence from Italian Multinationals, *CEPR Discussion Paper*, No. 4284.

Navaratti, B., Castellani, D., and Disdier, A. C., 2010, How Does Investing in Cheap Labour Countries Affect Performance at Home? France and Italy, *Oxford Economic Paper*, 62 (2), pp. 234–260.

Navaratti, B., and Venables, J. A., 2004, *Multinational Firms in the World Economy*, Princeton University Press.

Nishitateno, S., 2013. Global production sharing and the FDI trade nexus: New evidence from the Japanese automobile industry, *Journal of the Japanese and International Economies*, 27, pp. 64–80.

Nishimura, G. K., Nakajima, T., and Kiyota, K., (2004), Dose the Natural Selection Mechnism still Work in Severe Recessions? Examination of the Japanese Economy in the 1990s, *Journal of Economic Behaviors and Organization*, 58, pp. 53–78.

Nocke, V., and Yeaple, S., 2007, Cross-border Mergers and Acquisitions vs. Greenfield Foreign Direct Investment: The Role of Firm Heterogeneity, *Journal of International Economics*, 72, pp. 336–365.

Nocke, V., and Yeaple, S., 2008, An Assignment Theory of Foreign Direct Investment, *Review of Economic Studies*, 75, pp. 529–557.

Park A., Yang D., Shi X., and Yuan J., 2010, Exporting and Firm Performance: Chinese Exporters and the Asian Financial Crisis, *Review of Economics and Statistics*, 92(4), pp. 822–842.

Poole, J., 2013, Knowledge Transfers from Multinational to Domestic Firms: Evidence from Worker Mobility, *Review of Economics and Statistics*, 95(2), pp. 393–406.

Raff, H., Ryan, M., and Stähler, F., 2012, Firm Productivity and the Foreign-Market Entry Decision, *Journal of Economics and Management Strategy*, 21(3), pp. 849–871.

Redding, S., and Venables, J. A., 2004. Economic geography and international inequality, *Journal of International Economics*, 62(1), pp. 53–82.

Sachwald, F., 1995, *Japanese Firms in Europe: A Global Perspective*, Luxembourg, Harwood Academic.

Shimizu, K., Hitt, A., Vaidyanath, D., and Pisano, V., 2004, Theoretical Foundations of Cross-Border Mergers and Acquisitions: A Review of Current Research and Recommendation for the Future, *Journal of International Management*, 10, pp. 307–353.

Sjöholm, F., 1999, Technology gap, competition and spillovers from direct foreign investment: evidence from establishment data, *Journal of Development Studies,* 36(1), pp. 53–73.

Slaughter, M., 2000, Production Transfer within Multinational Enterprises and American Wages, *Journal of International Economics*, 50(2), pp. 449–472.

Swenson, D. L., 2004. Foreign Investment and the Mediation of Trade Flows, *Review of International Economics*, 12(4), pp. 609–629.

Tanaka, K., 2011, Vertical Foreign Direct Investment: Evidence from Japanese and U.S. Multinational Enterprises, *Japan and the World Economy*, 23 (2), pp. 97−111.

Todo, Y., and Miyamoto, K., 2002, Knowledge Diffusion from Multinational Enterprises: The Role of Domestic and Foreign Knowledge Enhancing Activities, *Technical Paper*, No. 196, OECD Development Centre.

Todo, Y., and Miyamoto, K., 2006, Knowledge Spillovers from Multinational Enterprises and the Role of R&D Activities: Evidence from Indonesia, *Economic Development and Cultural Change*, 55(1), pp. 173−200.

Yamashita, N., Matsuura, T., and Nakajima, K., 2014, Agglomeration effects of inter-firm backward and forward linkages: evidence from Japanese manufacturing investment in China, *Journal of the Japanese and International Economies*, 34, pp. 24−41.

Yamashita, N., and Fukao, K., 2010, Expansion Abroad and Jobsat Home: Evidence from Japanese Multinational Enterprises, *Japan and the World Economy*, 22(2), pp. 88−97.

Yeaple, S., 2003, The complex integration strategies of multinationals and cross country dependencies in the structure of foreign direct investment, *Journal of International Economics*, 60(2), pp. 293−314.

Yeaple, S., 2009, Firm heterogeneity and the structure of U.S. multinational activity, *Journal of International Economics*, 78(2), pp. 206−215.

Yeats, A. 2001, Just How Big is Global Production Sharing?, IN: Arndt, S., and Kierzkowski, H., eds. *Fragmentation: New Production Patterns in the World Economy*. New York: Oxford University Press, pp. 108−43.

Wakasugi, R., and Tanaka, A. 2012, Productivity Heterogeneity and Internationalization: Evidence from Japanese firms, *Millennial Asia*, 3(1), pp. 45−70.

Weinstein, D., 1996, Structural Impediment to Investment in Japan: What have we learned over the last 450 years?, IN: Yoshitomi, M., and Graham, E., eds, *Foreign Direct Investment in Japan*, Edward Elgar, pp. 136−172.

初出一覧

第1章～第5章
「海外直接投資の動向と理論・実証研究の最前線」慶應義塾大学経済研究所ディスカッションペーパー，DP2014-002

第5章
「ミクロ・データによるグローバル化の進展と生産性に関する研究の展望」『経済統計研究』，2010, 41(4), pp. 21-40.（早川和伸氏との共著）

第5章・補論1
「企業の輸出・海外生産と生産性に関する実証研究；企業レベル・データによる研究の潮流」『経済統計研究』, 2014, 41, No. 4, pp. 1-12.

第5章・補論2
「傾向スコア・マッチング法による因果関係の測定：企業・事業所データを用いた研究例」『経済統計研究』, 2014, 42, No. 2, pp. 51-69.

第6章
"Heterogeneous Impact of Trade Liberalization on Vertical FDI: Evidence from Japanese firm-level data," Discussion papers 13-E-20, Research Institute of Economy, Trade and Industry (RIETI), 2013.（早川和伸氏との共著）

第7章
"How Does FDI in East Asia Affect Performance at Home?: Evidence from Electrical Machinery Manufacturing Firms," Discussion papers 08-E-34, Research Institute of Economy, Trade and Industry (RIETI), 2008.（元橋一之氏，早川和伸氏との共著）

著者紹介

松浦寿幸

1998年　慶應義塾大学総合政策学部卒業
2000年　慶應義塾大学大学院商学研究科修士課程修了
2003年　慶應義塾大学大学院商学研究科博士課程
　　　　単位取得退学
2006年　商学博士（慶應義塾大学）
現在　　慶應義塾大学産業研究所准教授
　　　　元・三菱経済研究所研究員

海外直接投資の理論・実証研究の新潮流

2015年3月15日印刷
2015年3月20日発行

定価　本体2,300円＋税

著　者	松浦 寿幸（マツウラ トシユキ）
発行所	公益財団法人　三菱経済研究所 東京都文京区湯島 4-10-14 〒113-0034 電話(03)5802-8670
印刷所	株式会社　国際文献社 東京都新宿区高田馬場 3-8-8 〒169-0075 電話(03)3362-9741〜4

ISBN 978-4-943852-55-1